JN010217

井口幸久
Inokuchi Yukihisa

陸《オカ》に上がって記者になる

私の地方紙奮戦記

忘羊社

［カバー・大扉写真］
東京商船大学時代の練習船「銀河丸」の船上にて（一九七六〈昭和五一〉二月、古仁屋港。前列＝右から筆者、石塚光男君。中列＝右より茨田雅彦君、磯崎道利君、一ノ木智之君。最後列＝石本明生君）

［目次］

第一章　私の大航海時代

商船大学学生寮

1

「力漕《りきそう》、二〇枚！」

艇《てい》指揮の号令が掛かる。漕ぎ手は腰を浮かしてオールに思い切り体重をかける。

「イ〜チ！」

「オイ！」

「ニ〜イ！」

「オイ！」

「サ〜ン！」

「オイ！」

オールの先端は平たく削った羽（ブレード）になっている。ブレードが水をつかみ、カッター（短艇）が反応して、ぐい、ぐい、ぐいと水面を滑っていく。

カッターは右舷、左舷に六人ずつ座って漕ぐ。樫の木でできたオールは大人の二の腕ぐらいの太さ。長さは三メートルほど。手元が丸く削られている。舷にはU字形の切り込みがあり、そこからオールを突き出す。ガレー船と基本は同じだ。漕ぎ手と艇指揮、舵取り。十四人の息が合わなければならない。行き脚《あし》が速くなるにつれて漕ぐピッチも上がっていく。手のまめが潰れるのも忘れて私はカッターと一体になっていった。一人でも気を抜いてオールを水から抜くタイミングが遅れるとすべての惰性が一本のオールに集中する。太い樫のオールがきしみ「へ」の字に曲がる。カッターが止まればよし、折れたら漕ぎ手もろとも吹っ飛ぶに違いない。

私の「ショーセン（東京商船大学）」は漕艇実習から始まった。救命ボートの最後尾をカットした形。だからカッター。船乗りへの第一歩が救命ボートの漕ぎ方である。大方のそれは軽量の強化プラスチックだが、私たちが漕いだのは旧来の木造。重かった。大学のポンド（船着場）から墨田川に出て晴海《はるみ》埠頭などを回る二時間ぐらいのコースだ。

カッターを止めるときは号令に合わせてブレードを水中で立ててブレーキを掛ける。片舷を止め、片舷を漕ぐと艇は止めたブレードを中心に弧を描く。片舷を後ろ向きに漕ぎ、片舷を前向きに漕ぐとその場回頭する。私たちがカッターに馴れたころ、漕艇実習とは別に学生寮主催による対抗レースがあった。一週間前から早朝練習が始まる。

午前六時。「総員おこし」のマイクがかかり、上級生が「起きろ、起きろ」と吼《ほ》えて回る。寝坊すれば大変なことになった。中には〝必殺技〟をお見舞いする先輩もいた。ライターの火をつけ、そこにスプレー缶の殺虫剤を噴射するのだ。火炎放射器の原理。顔面に火柱が炸裂する。

「鼻毛を焼かれちゃたよ」

という者もいたが、誰も騒がない。

墨田川に掛かる相生《あいおい》橋から清洲《きよす》橋までの往復コース。タグボートに曳《ひ》かれた箱船が行きから中でのタイムレースだ。

墨田川には幾つもの橋が架かっている。私は永代《えいだい》橋が好きだった。漕ぎ手には進行方向は見えない。橋の下を潜るとき暗くなり、橋の底を縦横に走る鉄の部材が見える。遠ざかるに従って水色の美しいアーチが姿を現す。

江戸時代の永代橋は木造。大惨事があった。富岡八幡宮の祭りに群集が押し寄せて橋の一部が崩れ落ちた。それと知らない人波に後ろから押された人々が次々に墨田川に落下したという。死者行方不明者一四〇〇人という記録が残っている。架け替えた橋は一部木造だったために関東大震災のときには火が走った。地面が揺れ猛火に追われて逃げ惑い、対岸を目指して集まった人々。焼け落ちる橋。阿《あ》鼻叫喚《びきょうかん》の地獄絵だったろう。

永代橋の下を潜ると多数の鋲《びょう》が見える。鉄板ののりしろを重ねて穴を穿《うが》ち、鋲を打ち込んでハンマーで叩いてカシメている。人の親指ほどもある屈強な鋲の行儀よく並んだ丸い頭。二度と落ちない橋を造るのだという、人々の執念を私は思った。

2

東京商船大学は全寮制。男ばかりの集団生活に馴れることも船乗りへの道である。学生寮は一寮から四寮まで。それぞれ鉄筋四階建て四三部屋。全体で一七二室。四人部屋で一年生から四年生まで一人ずつの相部屋である。同じ部屋に四年間。人間関係がおかしくなったら辛い。だが、私は何も考えなかった。何も考えないのだから相当の鼻つまみだったろう。

勉強机と椅子が四組。二段ベッドが二組。床は板張り。大掃除の時は机もベッドも廊下に出して床に〝タンツー〟を掛ける。水と砂を撒きヤシの実を二つに切ったブラシで磨く。ヤシの実は中心に堅い種皮があって周りが厚い繊維で覆われている。これでゴシゴシやると床の薄皮が一枚はがれて人肌色になる。何度も往復するからターンツー（Turan to）という。

食事は大食堂。食券は月単位で購入する。日付と朝、昼、夕が書かれた食券をもぎって食堂のおばちゃんに提出する。食べない日が分かっている場合、学生課に戻しておけば日割り計算して返金してくれた。

私は納豆に箸をつけることができなかった。黒々とした味噌汁、醤油ラーメン。すべてが塩辛かった。関東の味付けに馴染めなかったのだ。それも一ヵ月ぐらいだったろう。何でも食べるようになった。腹が減るから口に入れるしかないのである。

「風呂券を買っておけよ。月額千円。うちの階は○○さんが取り仕切っているからな」

その○○さんを訪ねると手製の風呂パスなるものを発行してくれた。ところが、風呂に行くと誰もパスなど持たず勝手に入っている。騙《だま》された。

部屋単位で輪番して外からの電話を取り継ぐ「週番」という業務があった。昼食前後の一時間と午後五時ぐらいから十時まで週番室に詰める。受信専用の電話が三回線。上級生は長椅子でテレビを見ている。電話に出るのは一、二年生。電話はひっきりなしに掛かってくる。

「はい、東京商船大学学生寮」

「○寮○階○室の○○さんをお願いします」

男性からの場合、

「○寮○階○室の○○さん、電話」

放送の呼び出しが素っ気ない。

女性からの電話は、

「○寮○階○室の○○さん、お電話」

と、「お」をつける。妙齢の女性からの場合「お電話」に力を込めて放送する。毎夜の全館放送。いつの間にか耳に刷り込まれる。

「○○の奴、モテるなあ。また、〝お電話〟かよ」

そのような電話を取り継ぐ際にはわざと電話口に聞こえるように、

「おい、今日は火曜日だよなあ」

「はい」

「おかしいなあ。金曜日の女から電話が掛かってるぜ」

と悪戯した。二人の仲が壊れたら誰が責任を取るのだ。いまなら問題だろうが、当時はそんなことは考えもしない。携帯電話のない時代。猛烈に込み合う呼び出し電話がつながっただけで御《おん》の字だった。

新聞は朝日新聞。早朝、束で投げ込まれる。梱包を解いて各部屋に配って業務は終わり。週番といいながら一日交替だった。

3

制服は紺の詰襟《つめえり》上下。袖口に冬の星座の代表、オリオン座を表す三つボタンが付いている。夏服が白の詰襟上下と開襟《かいきん》シャツ。防寒コートに作業帽と作業服数枚。静岡県清水市の洋服屋さんが寮に来て新入生一人一人を採寸、仕立ててくれた。生地は上質で特にコートは純毛で暖かかった。鉢を測って帽子も作ってくれた。なぜ清水市の洋服屋さんか。

旧高等商船学校は東京と神戸にあったが太平洋戦争中の一九四三（昭和十八）年、清水市に増設。その後、空襲を避けて清水に統合された。戦後は清水から商船大学の歴史が始まっている。

寮生活に馴れると同級生の部屋を訪ねるようになる。気さくな部屋、気難しい部屋。それぞれ雰囲気が違う。ある部屋にカッター（短艇）の折れたオールがあって「精神注入棒」と書いてあった。あの樫のオールをどうやって折ったのだろうか。怖かった。実際には漕いでいる最中に折れたのだろうが、新入生には分からない。

　上級生たちが一、二枚ずつ千円札を出し合い、

「おい、酒を買ってこい」

　一年生が酒屋に走り車座の宴会が始まる。サッポロジャイアンツという大瓶の三倍量の瓶ビールがあり、これを三、四本。つまみは「きゅうりのキューちゃん」だったろうか。さらに柿の種などの乾きもの、鯖やイワシの缶詰など。それをプラスチックの皿や丼《どんぶり》に盛る。丼のことを「ベース」と呼んだ。各自、ズボンの尻ポケットにフォークを刺していて「ブキ」と呼んでいた。

「イノクチ、芸をやれ」

　サッポロジャイアンツを両手に一本ずつ。一升瓶より太くずんぐりした瓶の底を持って先輩たちのコップに注ぐ。震えず、揺らさず、なみなみと。歓声があがる。

「お前、握力なんぼじゃ」

「左八〇と右七五です」

「知力は？」

「こいつに聞くの？　ない、ない、ない」

やがて誰かが議論を始める。

「うるせー。バカヤロー」

口より先に手が出ることがしばしばだった。

〽酒のみは奴《やっこ》豆腐にさも似たり、はじめ四角で後《あと》ァぐつぐつ
下手な都《ど》々《ど》逸《いつ》をうなる先輩もいた。手拍子で寮歌が始まる。

♪霞《かす》める美《み》空《そら》に消え残る
おぼろ月夜の秋の空
身に沁みわたる夕風に
背広の服をなびかせつ
紅顔《こうがん》可憐の美少年が
商船学校の校内の
練習船のメンマスト
トップの上に立ち上がり

「背広の服」というところに武勇一点張りの軍人さんとは違うのだという商船乗りの矜持《きょうじ》を感じた。

ちょいと粋な戯《ざ》れ歌もあった。

♪女人禁制のよォ
商船校の庭にョ〜ソレホイ
誰《だ》れが植えたか
姫小松《(姫っこを待つ)》ョ　ソレホイ灘よォ　ソレホイ

私の部屋はみないい先輩だったが、四年生のＫさんはちょっと神経質。戦車のプラモデルを作っているかニーチェを読んでいる。『ツァラトゥストラはかく語りき』ばかり何十回も読んだという。戦車とニーチェ。なかなかない組み合わせ。二人だけでいると私は少し気詰まりだった。二年生、三年生はもっと気詰まりだったようで、彼がニーチェを読み始めるといつの間にかいなくなっていた。ある夜、Ｋさんがニーチェを読み、私はぼんやり外を眺めていた。窓の外でパラパラと雨が降るような音がする。Ｋさんがキッと顔を上げ、

「あの野郎、またやってやがる」

「え、何ですか？」

「四階の窓から小便しているんだ」

4

「一年生は明治丸に集合、全員、明治丸に来い」

ある日の夕方。髭面《ひげづら》の先輩が廊下を吼えて回った。私の部屋の二年生は声には出さず、顔をしかめて「行かなくていい」と手で合図する。私はのこのこついて行った。

明治丸は一八七四（明治七）年、イギリスのグラスゴーで建造され、灯台巡視の役目に就いていた。このころ明治政府は小笠原諸島の開発を進めていたが、それを知った英国公使パークスが異議を申し立てた。イギリスとの間で小笠原諸島の領有権争いになったとき、日本政府の調査団を乗せた明治丸はイギリスの軍艦より二日早く小笠原諸島に到着。地元民の了解を取り付け、先手必勝で日本領土の宣言を行なった。一八七六年には明治天皇が乗船して国内を巡幸された由緒ある帆船だが、戦後は米

軍に接収されてキャバレーとなったあとに放置され、あちこち塗装も剝《は》げていた。

　集まったのは十人ほど。デッキに車座。ベース（丼）に日本酒を注いで回し飲みして寮歌を歌った。

「お前ら、トップがどこか知っているか？」

　トップだから船の舳先《へさき》ぐらいと思っていたのだが、あそこだと指さされたのは遥か頭上。マストの中間あたりに板張りが見える。

「今からトップボードまで登れ」

　マストは両側から太いワイヤー（シュラウド）で引っ張っていて、シュラウドの間に麻縄のラットラインが横に張られている。シュラウドを手で握り、ラットラインに足を掛けて登る。まず髭面の先輩が登り、一人ずつついて来いという。

「イノクチ、お前、目方《めかた》がありそうだなあ」

ラットラインに足をかけて登る。写真の中ほどに見える半円形の板がトップボードだ（文・山口良次／写真・浅水嘉治夫『帆船』より）

「はい、九五キロです」

「ラットラインは古いから踏み抜くなよ。注意して来い」

　見れば足を掛けるはずの綱がところどころ切れている。一気に汗が吹き出る。シュラウドを登りきるとワイヤーがオーバーハングしたところがあり、背中が下を向く。そこを越えるとトップボード。三、四人立つことができる。

待っていた先輩は、私たちの背中を軽く叩いた。

「次は下りだ。気を抜くな」

一人ずつ逆側から下りる。全員がマストを下りたときには陽が暮れて真っ暗だった。

「ポン丸（日本丸）や海王（海王丸）のトップはこれより高いが、登り方は一緒だ。お前らは、もう登れるんだぞ」

5

七月初めの一週間、一年生全員で遠泳実習。必須課目である。泳ぐ距離ではない。長時間、如何に浮いていることができるかが問題だ。広い海で少々泳いでも助からない。三時間なら「優」、二時間は「良」、一時間で「可」。これに達しない者は再履修しなければならない。何年も再履修を続け、とうとう卒業できなかった先輩がいたと聞いた。

命に係わることだから厳しい。まず学校のプールで一〇〇メートル泳ぎ、そのタイムで一級から八級まで仮分け。私は二級だった。内房《うちぼう》の富浦町（現在は千葉県南房総市）に臨海実習場があり、裏庭を下りると砂浜。八級組は波打ち際で遊んでいた。海に馴れるためだ。

商船大学に泳げない者がいることが私には驚きだった。仲良しの同級生がそれ。山梨県山中湖村の出身。あだ名は「おらっち」。自分のことは「おらっち」、相手のことは「おめっち」と呼んだ。彼はスピードスケートでは県代表の国体選手。大学に入ってからは強肩の野球部員として鳴らしたが、泳ぎはできなかった。八級はこのほか数人。

着いた日の午後から泳ぐ。最初は三〇分。級ごとに列を組み、伝馬船《てんません》がついてくる。ゆっくりとした平泳ぎ。若手の助教授、助手、カッターの教官、さらには三年生、四年生も駆り出される。いざという時、飛び込んで救助しなければならない。伝馬船には大量のカンロ飴が積まれている。糖分補給のためだ。

海に入るのは午前と午後の二回。それ以外は休養。毎日、少しずつ泳ぐ時間を延ばしていく。酷かったのは日焼け。背中の皮膚が剝《む》けて寝苦しい夜が続いた。

ゴロゴロ寝ているだけではつまらない。三日目ぐらいから悪戯を始めた。富浦駅前に駄菓子屋さんがあり、そこで爆竹を見つけた。普通に爆竹を鳴らしても驚いてくれるのは最初だけ。そこで時限装置付きの爆竹を思いついた。部屋ごとに蚊取り線香を焚いていたが、その根元に爆竹の導火線を挟みつけておく。これが夜中に点火してバリバリバリ。

遠泳の大敵は水温である。二〇度あれば問題ないが十七度ぐらいでは体力の消耗が激しい。辛いのが小便だった。膀胱はパンパンに膨らんでいるのに放尿できない。伝馬船につかまって何度もしごいて出たときには、万歳を叫びたくなるほどだった。そのようなことを体験するのも遠泳実習の目的の一つかも知れない。最終日。私は三時間泳いで「優」。「おらっち」もめきめき上達して「優」だった。

6

東京商船大学は江東区越中島《えっちゅうじま》にあった。深川や木場《きば》とは目と鼻の先だ。江戸城からみて辰巳《たつみ》の方角。気風《きっぷ》の良さが身上の辰巳芸者がいた界隈である。墨田川、小名木《おなぎ》川の水運で木材を運んで来たのが木場。材木屋さんの多くは埋め立て地の新木場に移っていたが、昔からの店も残っていて江戸の面影をとどめていた。

墨田川と荒川に挟まれた江東区、墨田区は地下水のくみ上げで地盤沈下し、海抜ゼロメートル地帯が広がっている。高い堤防がめぐらされ網の目のように水路が走る。そこにカッターで漕ぎ入ることもしばしばだった。地元の人々が手を振って「頑張れよー」と声を掛けてくれる。冬場の早朝訓練では、橋の上から焼き芋を投げ込んでくれたおばちゃんもいた。下町の人々は「ショーセン」、「ショーセン」といって可愛がってくれた。居酒屋さんで飲んでいても「お前さんたちショーセンかい。まあ一杯飲みな」といった具合だった。

下町情緒、風情という。下町に地付《じっ》きの人々が暮らしているからこそ、そこに情緒や風情が生まれるものだと思う。

「松乃湯」という銭湯があって陽が高いうちから営業していた。熱い湯にやせ我慢して入るのが江戸っ子だと落語で聞いたことがある。頭に手拭《てぬぐ》いを乗せた爺ちゃんが一人、赤い顔をして湯船に身を沈めていた。噂にたがわず熱い。とても入ることができない。水道の蛇口を捻ろうとすると、

「何しやがんでー!」

「熱くて入れないので」

「てめー、うべやがったらタダじゃおかねえぞ!」

仕方なく洗面器で湯を掻きまわした。底の方はいくらかぬるいからだ。

「あちちち!」

爺ちゃんが逃げ出すように湯船から上がった。熱いのに「ぬるい、ぬるい」と意地を張る。桶でかきまわすと「あちちち」となるのも落語のまんまだった。

「背中でも流しましょうか」

爺ちゃんの目が笑っている。

「兄さんショーセンってか。親元離れて辛くねーか。そこそこ、もちっと上を頼まァ」

爺ちゃんは近くの床屋さんだった。ひと月ほどして髪も伸びたので店を訪ねた。数人の客がソファーでテレビに見入っている。博多祇園山笠の追い山だ。櫛田入り、祝いめでた。画面が切り替わって市街地を走る山笠。女性レポーターが何か喋っている。

「兄さん、博多の出身だったよな。山笠って重そうだなあ」

「あれ、車が付いているんだろ？」

「いえ、車は付いていないですよ」

「じゃあ、何かい。あれを担いでるってのか？」

「はい」

私の答えに人々が異口同音。

「ダセー。あんなに重たいものを担いでるんだってよ」

「ダセーなあ。走ってやがる」

お神輿《みこし》というものは「セヤ、セヤ、セヤ」と声を掛けながらシャンシャン鳴らし、いなせに練って歩くもので、それが粋というものだと。私は博多ではなく福岡の出身。山笠を舁《か》いたことはない。それでもダサいと言われれば心穏やかではなかった。

秋祭り。原木を浮かべた水路から賑やかなお囃子《はやし》が聞こえ、木材を扱う職人（川並み）たちが技を披露していた。印袢纏《しるしばんてん》に豆しぼり。鳶口《とびぐち》を持って家の芯柱にするような太い角材に乗っている。通りがかった私はその技に圧倒された。角材の左右の端、ときには真ん中に立った川並みたち。両手を広げ

「セヤーッ」の声を合図に小刻みに足を踏んで、くるくるくるくると回す。角材はしだいに速度を上げ、水しぶきが上がる。よくも足がもつれないものである。再び「セヤーッ」の声がかかると逆回し。川並みたちは直立して揺れない。五人も七人も乗って回す組もある。私は時の経つのを忘れた。このような芸が何組か続いた後に二本の角材が運ばれてきた。前と後ろの角材に川並みが一人ずつ乗って回しながら駕籠《かご》を担ぎ、日本髪の辰巳芸者を乗せている。角材は水しぶきを上げているのに二本の間隔はピタリと動かない。

「セヤーッ」

角材が逆に回り始めると立錐《りっすい》の余地もなく集まった人々からやんやの喝采。観覧席をしつらえるのではない。ましてや入場料も取らない。ありふれた水路。そこにある自分たちの暮らしを「どうだ」と見せているのだった。これが粋というものか。芸者さんの白塗りの顔が眩しく見えた。

7

一般教養の先生方の多くは東大から出張して来られた。

その一人に化学の中山正《まさし》教授がおられた。黒っぽいズボンにシワシワの開襟シャツ。腰のベルトからだらりとタオルを提げておられる。頭は五分《ぶ》刈り。私たちは代々「坊主」と呼んでいた。坊主先生は生徒に質問する際、個人名ではなく出身高校名で呼んだ。「都立○○」とか「愛知○○」とか。

「おい、修猷館《しゅうゆうかん》」（二人いたが私のこと）

私は何を聞かれたのか分からず答えることができない。

「こら、居眠りしていたな」

「はい。済みません」

「まあ、いい。睡眠は大事だ。睡眠には増大するエントロピーを減らす効果がある。君たちは普段ロクなこと考えてないだろう。だからエントロピーが増えるんだ。いいか」

　エントロピーをきちんと説明することは私にはできない。熱力学の考え方で、ある状態からある状態に移行した場合、エントロピーが増えるという。ここでは「無秩序」ぐらいの意味であろう。目覚めているときはあれこれ妄想して無秩序が広がる。それを元に戻すのが睡眠だと。私は坊主先生が好きで、あるとき教官室を訪ねた。

　数学に虚数単位というものがある。小文字のｅで表す。ｅは二乗するとマイナス１になる。これが私には分からなかった。高校では「二乗したらマイナス１になる。ｅはとても便利で、そうすることによってもろもろの数式が成り立つ」と習った。何も考えずにそのようなものだと思っておけばいい――。高校生相手だから深く説明しなかったのだろうが、それが私の数学のつまずきの一因だった。便宜的にそのように考えろといわれても、私は先に進むことができなかった。

　私はそのことを坊主先生に聞いた。

「君たちは物理でシュレディンガーの方程式を習ったか」

　量子力学の入り口になる式だ。「これからです」と答えると、

「修猷館ヨー。今のままじゃ、とても先には進めないなあ。高校で原子というものを習っただろう。核の周りを電子が回っている。電子は負の電荷を持っていると。なぜ、負の電荷なんだ。プラスの電荷を持った陽電子があってもいいのではないか」

「プラスの電荷ですか」

「そうだよ。今の世界とは真逆の世界。反宇宙というものがあるんだ」

「反宇宙？」

「すべてが逆だ。あるとき、宇宙と反宇宙が出会って爆発した。それがビッグ・バンだ。その衝突で宇宙はいまも広がり続けているとされている」

「宇宙が広がり続けているということは聞いたことがあります」

反宇宙、陽電子、ビッグ・バン。私はしっくりこない。

「長さを二乗するということは面積を求めることになります。マイナスの面積ってあるのですか？」

坊主先生はしばらく間を置いた。

「君は富士山に登ったことがあるか」

「いいえ」

「あそこに永久凍土があるんだよ。極寒のシベリアなら分かるが、なぜあんなところに永久凍土があるんだ」

「……」

「集まれば集まるほど温度が下がる。エネルギーが落ちる。そういうエネルギーがあるのだと私は考えている。あそこは反宇宙の世界かもしれないね。修猷館ヨー。世の中、分からないことばかりさ。そもそも量子力学は確率なんか持ち込んでいる。分かったような、分からないような変な学問だ。オレなど偉そうに化学を教えているが、本当は分からないことだらけ。これで給料をもらっているのだから、お気楽なものよ。あははは」

私は航海計器教室に出入りして手伝いを始めた。教室には幾つかのテーマがあった。本四《ほんし》架橋《かきょう》（本州四国連絡橋）を建設する際にレーダーに映る「偽像」を軽減したい。本四架橋は巨大で船舶の通行量も多い。偽像を抑える構造はないか。オメガ航法システムの誤差はどれほどか、などだった。教授、助教授、助手の先生方がおられ、四年生数人ずつがそれぞれのテーマで研究して卒業論文を書く。

オメガ航法とは、世界の八ヵ所から電波を発信して（日本には対馬にあった）、到達時間によって船舶や航空機の位置を測定する仕組み。電波が地球をぐるっと回り、世界中で利用することが可能である。その電波は電離層に反射しながら進む。電離層は季節によって地上からの高さが変わるので、その影響、誤差を調べるのだ。教室では四六時中、オメガの電波をモニターしていた。

今はＧＰＳ（衛星測位システム）になったのでオメガは利用されていない。新しい技術は軍事と密接につながっていて、そこから民生用に拡がる。ＧＰＳも、今ではすべてのスマホに入っている。ゲームにもなった。たとえば「ポケモンＧＯ」がそれだ。

上級生のお使いで、実験に使う電子部品を買いに秋葉原に行くことが多かった。

戦後、米軍放出の電子部品を並べた露天商が集まったのが秋葉原の始まりという。店は間口《まぐち》が一間《けん》ほど。商品を並べた棚の下を潜《くぐ》った隙間に椅子があり、店の人が座っている。背面にも側面にも商品が並んでいるので、ちょうど電子部品の間から顔を出している。

「四七マイクロファラッド。三五〇ボルト耐圧の電解コンデンサー。両足のヤツありますか？」

「両足なら二五〇ボルトまでだよ。それ以上だとブロックになっちゃうな」

「二五〇ボルトでいいです」

部品は紙袋に入れて手渡し。うっかり一万円札など出すと露骨に嫌な顔をされる。一人だから両替のために銀行に行くのが大変なのだ。

「お客さん、ちょっと店番しといてくれよ。銀行に行ってくるからサー」

顔馴染みになると、そんなこともあった。ゴチャゴチャした電気街で部品を探し出して買うのは馴れないと大変である。それが私には楽しくて仕方なかった。

9

冬のある日、同級生の部屋を訪ねるとＹ先輩がニコニコ顔である。

「おい、こいつにココアを飲ませてやれよ」

「ココア？　洒落てますねえ」

「森永がいい？　それともバンホーテン？」

と同級生。

「銘柄まで指定できるんですか？」

「オイラが拾って来たんだよ」

「夢の島」のアルバイトに行くと何でも落ちているから帰りに拾うのだという。いずれも未開封の新品。デパートなどの歳暮商品の売れ残り、缶が少し凹んで廃棄処分になったもの、などなど。

東京都はかつて二三特別区のゴミを集めて「夢の島」に埋め立てていた。「夢の島」から「新夢の島」さらに「中央防波堤埋立地」へと移行しながらゴミの埋め立て処分が続いていた。銀杏マークの青いパッカー車が寮の周りをたくさん走り、信号待ちで数珠つなぎになっていた。東京都のゴミ収集車。その向かう先が「夢の島」である。

「何でも？」

「そうよ。お前が座っているそのソファーだって、昔、先輩が拾ってきたもんだ。二四時間拘束だけど、バイト代は悪くないぜ。行くか？」

「行かせてください」

Y先輩と二人、約束場所の地下鉄駅出口に行くと乗用車が待っていて事務所へ。作業服に着替えヘルメットをかぶり、早めの夕食。社員とアルバイトの二人一組。日没から二手に分かれてジープに乗った。とにかく臭い。頭のシンがくらくらしてくる。

ピー、ピー、ピー、ピー。

パッカー車がバックして口を開き、集めてきた生ゴミをそのまま穴に落とす。ブルドーザーのような重機がその周りをならして固める。

投棄現場を回って消火するのが私たちの仕事。白っぽい火、黄色い火、オレンジの火、青白い火。地下深くで発酵した生ゴミからガスが発生し、ひび割れを伝わって地上に噴き出し自然発火するのだ。ちょろちょろの火もあれば一メートル以上も噴きあがっている場所もある。車に積んでいるスコップ、つるはしで周りの土やゴミを掘り起こして出口を塞《ふさ》ぎ、踏み固める。これで火事や大爆発を防ぐのだという。逃げ場をふさがれたガスは当然、他の割れ目から発火する。まさにモグラたたきだ。

埋立場の広いこと。一周するのに三、四〇分かかった。プレハブの休憩所に戻って仮眠、二時間後にまた出動。最後の周回が翌日の昼ごろだった。

「イノクチ君、お土産持って帰るか」と聞かれた。私は足元に転がっていたＭＪＢコーヒーの緑色の缶を二個拾った。事務所に戻って食事。賃金を清算してもらいＹ先輩と二人、寮の近くまで送ってもらった。銭湯の前で車を停めると風呂券を渡された。頭のてっぺんから足の先までガシガシこすったのに臭いが残っているような気がして、私は何度も袖口を鼻に当てた。

数日後、ドリッパーとフィルターを買いＭＪＢを開封してコーヒーを淹《い》れた。『ツァラトゥストラ』のＫさんと二人、コーヒーを飲んだ。

「夢の島に行ったのか」

「ええ、クサかった。まだ臭うような気がして」

Ｋさんが東京ゴミ戦争のことを語ってくれた。

昔、蠅が大発生して風に流され越中島の隣、南砂《みなみすな》辺りでは小学生がハエたたきを持って学校に通った。蠅の駆除に自衛隊まで出動した。蠅の後は鼠の大発生、そして火災。二三区それぞれに清掃工場を建設し、焼却してから捨てようということになった。しかし、杉並区では清掃工場建設予定地の住民が反対した。東京都は強制執行を目論んだが、住民は実力阻止に出て計画は頓挫。業《ごう》を煮やした江東区側は杉並区のゴミ収集車を入れさせまいと道路にピケを張った……。

「何か新しい施設を作るといえば人々は群がるが、自分が吐き出したゴミには顔をしかめて逃げ出す。因果なものだ。高度成長のツケだ」

「でもバイト代、二万円もらっちゃったし……」

「そっちも利権か。また行って、うまいコーヒーを淹れてくれよ」

「いえ、あの臭いはたまりません。もう行きません」

憶を記す①

中学生のころ、『初歩のラジオ』という雑誌が毎月書店に並ぶのが楽しみだった。ゲルマニウムラジオに始まって、並四《なみよん》ラジオ、高一《こういち》ラジオ、五球《ごきゅう》スーパーというのがお定《き》まりのコース。そこからハイファイアンプに移行する。

『無線と実験』『ラジオ技術』などの技術雑誌にも夢中だった。製作記事の執筆者は、真空管アンプならば浅野勇、上杉佳郎、森川忠勇。藤本伸一という人もいた。トランジスタアンプなら安井章、金田明彦……。

『無線と実験』は日本でラジオ放送が始まる前年、一九二四（大正十三）年の創刊。アンプづくりの学術雑誌の感があった。中学生の小遣いでは全部の雑誌は買えず立ち読みで済ませる号が多かった。真空管は高嶺《たかね》の花。実際にはほとんど作れない。いつか秋葉原の電気街にいってみたい。そんなことを思っていた。

総武線に沿うように秋葉原電波会館があり、三階に「古炉奈《コロナ》」というシックな喫茶店があった。板張りの床にオイルを染みこませて拭き上げてある。周りの喧騒がウソのよう。窓際に座りコーヒーを飲みながら『無線と実験』を読むのが至福のときだった。

実験の手伝いをしていると助教授の林尚吾先生が「マイクロソフトという会社を知っているか」と言う。私は知らない。これからコンピュータが普及するだろうから勉強しておきなさいとのアドバイス。私は大学の図書館に通って電子計算機が「0」と「1」を作り出す回路とか、1、2、3と数をカウントする仕組み、みたいなことを勉強した。

林先生はコンピュータ言語を学んで「使えるようになれ」と言われたのだろうが、ラジオ少年は作る方に目が向いていた。

練習船日乗

1

初めて練習船に乗ったのは一年生の終わり。実習は二月、神戸港から始まった。

神戸港第四突堤《とってい》に練習船「銀河丸」が横付けしている。先輩たちの見送りなどで何度か見たことはあったが、自分が乗るとなると違って見える。白い船体が颯爽《さっそう》として舷梯《タラップ》を上がると木甲板《もっこうはん》のチーク材が人肌色に輝いている。裸足で走っても棘《とげ》が刺さらず、足の裏にピタッと吸い付く。しっかり〝タンツー〟がされている証拠だ。

船の入り口を舷門《げんもん》という。実習生の居住区はそこから一フロア降りたところ。八人部屋でカイコ棚のような二段ベッドが並んでいる。三人座ればいっぱいの長椅子とテーブルが壁際にあり、その壁に丸窓《スカッツル》が一つ。プライベート空間はカーテンで仕切ったベッドの内側だけである。ベッドのことを「ボンク」と呼んでいた。

「ここで一ヵ月か……」

と思ったが、それ以上深くは考えない。

最初の実習は船に馴れること。船橋《ブリッチ》があって、機関室《エンジンルーム》があって、舵《ラダー》があって、操舵機を右に回すと船が右に回頭する。プロペラがあり、エンジンが回っていて、救命ボートがあって……。

船を動かすことに関しては見るだけ。だが、見るのは素晴らしい学習だ。行き交う船との洋上での距離感、ロープで何かを縛ったときの手の感触。様々な臭い。実習生居住区の船首側が食堂で、正面に黒板。対面して八人掛けの椅子が七組、四列並んでいる。教室兼用で授業も行われる。

朝は後部甲板に集まって国旗掲揚。国旗は日没で降納。夕方「日没五分前」の号令で当直班が後部甲板に集まり、

ピピー、ピピー、ピピー。

航海士の笛に合わせて国旗を取り込む。

停泊中、船内各所を見て回り、座学があったりして乗船から三日目に出港した。機関室では出港前から主機《メインエンジン》を暖める。銀河丸の主機は四階建てのビルぐらいの大きさがあるので八時間前から暖機作業を始める必要がある。潤滑油はエンジンの細部まで行きわたっている。その潤滑油の温度を上げて循環させ熱をエンジン全体に伝えるのだ。こんな使い方があるのかと感心した。脳に障害を受けた人の足を氷で冷やし、つめたい血液を脳に送るという機能回復療法があるが、あれに似ている。

「出港用意、部署につけ」

船内マイクの号令で船橋《ブリッジ》、船首《おもて》、船尾《とも》、舷門の配置につく。私は船首の配置だった。ウインチで巻き締めた係留索《ホーサー》を緩め、綱取り人がビット（岸壁の突起物）から外し、人力で巻き取る。

実習生が一列に並び、先頭の者が係留索を持って十五メートルほど走る。次の者が少し遅れて係留索を持って走る。また、次の者。そうやって船側に取り込んでいく。もちろん機械で巻くことはできる。すべての電源が止まった場合を想定しているのだ。このような動作を繰り返すうちに、この場面ではこう動かねばならないということを体が覚えていく。

遠洋航海では船の位置を知るのに六分儀《ろくぶんぎ》を使って太陽や星の高さ（仰角）を測り、筆算して作図する。オメガ航法や衛星測位システムを使えばこんな手間は不要。常時、緯度経度が示されている。なぜそのようなことをやるかといえば、やはり、太平洋の真ん中で電波も届かず孤立した場合など最悪の事態を想定しているからだ。

離岸。舵を左一杯に切っておき、そこにプロペラを回して強い水流を当てると船の尻が沖に向かって振れる。同時に船首をタグボートで引っ張れば全体が離岸する。理屈は難しくない。しかし、経験を積まないとできない。風がどちらから吹いているかなど、いろいろな要素が絡んでいるからだ。

2

銀河丸は横浜港に接舷した。この間、私の記憶はすっかり飛んでいる。どこをどう走ったのか。周りを見る余裕がなかったようだ。舷門当直しているときに船長のお客様が来られ、船長公室まで案内した。船長は二区画続きに「公室」と「私室」を持っている。

船長、機関長、航海士、機関士、通信長を士官という。士官は個室を持っている。士官サロンがあり食事はメスルーム。給仕がサービスする。

士官と部員（甲板員、機関員、司厨《しちゅう》員など）には待遇に差がある。商船の世界はイギリス式の階級社会がそのまま持ち込まれている。士官以上の部屋は海面より上にあって見晴らしもいい。かつての客船では士官でなければ通ってはいけない通路が決められていた船もあった。

横浜出港後、銀河丸は和歌山県串本港に向かった。横浜港を出ると浦賀水道。当時は世界で最も交通量の多い航路の一つであった。三浦半島突端の剱崎《つるざき》灯台を右に見て相模湾に出る。太平洋だ。波の高さもさることながら広い海に出ると波長が長い。銀河丸は全長一一四メートル。その二倍、二〇〇メートルぐらいの波でよく揺れる。船首が波の山にさしかかったとき船尾が谷にあるような状態だ。

串本港では岸壁に接舷せず沖合に錨を降ろした。夜、町の光が輝いていた。

♪ここは串本向かえは大島　仲を取り持つ巡航船

　よいしょ、よいしょ。よーいしょ、よいしょよいしょ、よーい、よい

翌朝。鼻歌まじりで双眼鏡《メガネ》を目にあてると水平線がノコギリの歯のようにギザギザになっていた。嫌な予感がした。その夜、土佐沖を通過したが、この時の揺れは怖かった。

縦方向に揺れるのをピッチングという。

ドォーン！

船首が波頭《なみがしら》に当たると波しぶきが船橋を洗う。船が水に突っ込んだまま永遠に上がって来ないような恐怖が走った。逆に船尾が持ち上がるとプロペラが空回りして「ガラガラガラ」と音がする。船全体が「ズズズ」と滑る。この程度のことで船がどうなるという訳ではない。頭では分かっていても得体の知れぬ不気味さ。恐怖が靴の裏から心臓に上がってくる気がした。

船酔いしない実習生もいたが私は沈没。上下するエレベーターにずっと乗っているようなもので胃袋がギューっと締め付けられる。大きなポリタンクが用意されていてそれに吐くのだが、黄色い胃液まで絞り出すともう吐き出すものがない。それでも締め付けられる。横方向の揺れをローリングという。傾斜計があって左右に二五度まで刻んであったが、振り切ることもしばしばだった。

「港弁慶、沖幽霊」

港では弁慶のように勇ましいが、沖に出た途端に船酔いして幽霊のように萎《しお》れてしまう。私は典型

的な「沖幽霊」だった。それでも船橋当直は海が見えるだけマシ。機関室の当直は地獄だ。入り口のドアを開けて階段を降りるとグリスや塗料の臭いがムッと鼻を突く。主機はドッカン、ドッカン。分速一六〇〇回転ぐらいで回っている。発電機は七〇〇回転ぐらいでダッダッダッダッ。過給機《ターボチャージャー》はキーン。一万回転ぐらいで回っていた。音を聞いているだけでおかしくなる。機関室は船底にあって船橋ほど揺れない理屈だが、体感的には同じように揺れる。四時間の当直が終わるともうヘロヘロ。部屋に戻ってボンクに倒れ込むしかない。「少し揺れていた方が食欲が湧くぜ」という乗組員もいた。

3

串本港を発した銀河丸は鹿児島県古仁屋《こにや》港に達した。古仁屋港は奄美大島と加計呂麻《かけろま》島の間。奄美大島側にある。島に挟まれた海は波静かで台風のときには多くの船が避難してくる。土佐沖の荒天がうそのよう。

弁慶に戻った私。夕方には実習生数人で古仁屋の町の食堂に繰り出して黒糖焼酎を飲んだ。ご主人が引いてくれた烏賊の刺身を肴《さかな》に口角泡《こうかくあわ》。帰り道、鮮魚店で見つけた甲烏賊が体長一メートルはある大物。買い込んで司厨部に持ち込んだ。

「よろしくお願いします」

「おお、任せとけ。明日取りに来いよ」

食事は美味《うま》かった。ご飯が格別だった。

「初めチョロチョロ、中パッパ」みたいなヤワな炊き方ではない。子供ならすっぽり入るような大鍋。ハンドルを回すと鍋が傾く。ホースでザーッと水洗い。水平に戻し、水切りした米を入れて蓋《ふた》をして

練習船「銀河丸」の船上にて（1976〈昭和51〉2月、古仁屋港。右端が筆者）

蒸気バルブを捻る。ボイラーで加圧された四四〇度の水蒸気が米粒の間を通り抜け、十分もすれば銀シャリの出来上がりだ。私は司厨員の仕事ぶりに見惚れた。

翌日、救命艇を降ろし加計呂麻島に渡った。海の透明度が半端ではない。青くて吸い込まれそうだ。島には原色の熱帯植物が生い茂っていた。作家の島尾敏雄さんはこんな所にいたのか。鳥の声しか聞こえない静けさ。苔むした民家の土塀を抜ける小道。小説『死の棘』の島娘「ミホ」が現れそうな気がした。島尾さんは特攻隊の指揮官としてこの島に赴任。「震《しん》洋《よう》」という薄っぺらな箱船にエンジンを付けて魚雷もろとも敵艦に体当たりするというのだ。こんなに美しい島で。

船上では〝ポケットハンド〟は厳禁である。ポケットに手を入れていると一瞬でも動作が遅れるからだ。目上の人に対する礼儀にも反する。口笛を吹くのも嫌われる。「風が変わる」という。帆船が活躍した大航海時代からの伝統である。時計は船内のあちこちにあるが、練習船では八点鐘《はってんしょう》を打つ。

正午を起点にして午後零時半に鐘一つ。十三時に鐘二つ。十三時半に鐘三つ。そのようにして午後四時に鐘八つ。午後四時半にはまた一つ……。八点鐘は船上生活によく合っている。当直は四時間交替。正午から午後四時まで。午後四時から午後八時まで。午後八時から零時まで。

カンカン、カンカン、カンカン、カンカン、カン。

鐘が七つ鳴ればあと三〇分で当直だなと分かる。そろそろ着替えようかと体が動く。帆船時代にタイムスリップしたような気がして優雅だ。遠くまで響く鐘の音はいいものだ。

午前八時から正午までの四時間を「パーゼロ」。次の四時間を「ゼロヨン」。次の四時間が「ヨンパー」。「パーゼロ」が最も人間らしい生活ができるので「殿様ワッチ」。「ゼロヨン」は最もきつい時間帯で「盗《ぬす》っ人《と》ワッチ」。

古仁屋港から長崎港。長崎県橘湾に錨を降ろした。塩湯で有名な小浜《おばま》温泉。あちこちから湯煙があがっている。白い湯煙に向かって救命艇を漕いだ。ぶらりと入ったパチンコ屋さんに入ってびっくり。台と台の間の細い隙間に女性がいてパチンコ玉を補給する昔ながらのスタイルだった。

「おーい、玉が出らんぞー」

「はいはい、ちょっと待って」

半日うろうろしたはずだが、小浜で覚えているのはこれだけだ。

橘湾から尾鷲《おわせ》、四日市港。

船酔いは克服できないが、いくらか馴れて幽霊が半幽霊ぐらいになった。体が楽になると私は船内のあちこちを探検するようになった。不思議なことに機関室に降りても潤滑油の臭いがしない。私は主機とプロペラをつなぐシャフトを見に行った。直径五〇センチぐらい。長さ二〇メートルほどの鋼鉄の棒が軸受けで支えられてプロペラを回している。こんな部材をどうやって削り出したのか。どうやって中心を出したのか。少しでも狂っていれば巨大な応力が発生して折れてしまうだろう。日本の造船技術の高さに驚嘆した。

四日市港から館山、そして東京晴海《はるみ》埠頭に戻り、一ヵ月が終わった。

初めての短期実習。一年生の私たちは何もできないヒヨコで、船から逃げる訓練ばかりしていた印象がある。救命艇を降ろして母船を一周して戻る。そんな訓練だ。

救命艇を降ろすのは簡単ではない。訓練していないと体が動かない。低い姿勢で座り、降下する速さに合わせて命綱を手繰《たぐ》っていく。着水するときに波があれば大きく揺れる。ここが危ない。救命艇を吊っている滑車を外すにも要領がいる。「〇〇付近から出火」といえば消火器を持って集まる。防火服を着て火元を探索する班、消火する班。実習のスタートが「逃げること」だったのは、長い伝統に裏付けられたカリキュラムである。

4

三年生から専門科目ばかりになった。気象海象、国際法、海商法、航海計器、天文航法、地文航法、操船論、船貨論……。いずれも長い歴史に基礎づけられた技であり、同時に時代の要請を敏感に反映した術でもあった。そんな中で、日本の十大海難の一つに数えられる第十雄洋《ゆうよう》丸の事故は海運界にも社会一般にとってもショックを与えた。私たちの授業にもたちまち反映された。

事故は一九七四（昭和四九）年十一月九日午後一時半ごろ東京湾で発生した。ナフサなどの可燃物五万七千トンを積んだＬＰＧタンカー第十雄洋丸と約一万五千トンの鋼材を積んだパシフィック・アレス号が正面衝突。パシフィック・アレス号が雄洋丸に突き刺さり、その破口からナフサが漏れ、衝突の火花で引火。両船は瞬く間に火炎に包まれた。パシフィック・アレス号二九人の乗組員のうち二八人が死亡。雄洋丸でも三九人のうち五人が亡くなった。ナフサは海上に拡散して燃え上がり、雄洋丸は爆発を繰り返す。両船は突き刺さったまま漂流した。

海上保安庁はもちろん、東京、横浜、川崎港の消防艇が出て消火に当たるが火勢は衰えず、東京湾の入り口をふさいだまま横須賀方面に流れていった。両船を引き離さなければ曳航《えいこう》はできない。深田サルベージという民間会社のタグボートが現場に突入してパシフィック・アレス号の引き離しに成功した。燃え盛る海を越えて船に接舷するのは大変な勇気と義務感のなせる業《わざ》だったろう。

引き離したあと雄洋丸に移乗しワイヤーを掛けて曳航を始めたのは同日夕。横須賀まで僅か一・八キロの地点だった。パシフィック・アレス号は間もなく鎮火。燃え続ける雄洋丸を横須賀の対岸、千葉県富津沖に座礁させたのは十一月十九日夕方。事故から十日後であった。もし曳航できなかったらどうなったか。雄洋丸は当時、世界最大のＬＰＧタンカー。五万七千トンのナフサが燃えながら船もろとも港に突っ込んでいたら……。ナフサは精製する前のガソリンである。横須賀市がすっかり焼け落ちただろうといわれる。消防車で消すことができるようなレベルの火事ではなかった。

話はここで終わらない。

今度は座礁させられた千葉県側の漁民が騒ぎ始めた。当然だ。放置すればどれだけの漁業被害が出るか分からない。すでに海上保安部の手に負える事故ではなく、政府は海上自衛隊を出動させて雄洋丸を爆沈させることを閣議決定した。

離礁させた雄洋丸を曳航しているとき、熱で曳航索が切れて再び漂流。巨大な火だるまが太平洋をさ迷った。雄洋丸の外板は最も薄いところでも厚さ二センチほど。護衛艦の艦砲射撃では通じない。航空機の爆撃でも歯が立たない。最終的には事故から二〇日目の十一月二八日、犬吠埼《いぬぼうさき》の東南約五二〇キロの洋上で潜水艦の魚雷で沈んだのだった。

雄洋丸は長さ二二七メートル。まるで巨大な風船である。ナフサが満載され穴から火柱が上がっている。それがなぜ砲弾や爆弾を受けて爆発しないのか。ナフサでもガソリンでも原油でも、空気と混じった状態になって初めて燃焼する。ナフサのタンクに爆弾が貫通爆発してもナフサは燃えなかった。雄洋丸は燃え続けて内部の鉄が溶け、魚雷による破壊もあり船の形を維持できなくなって二つに折れる形で沈んでいった。

　大学の授業でもそこが問題だった。検証したのは原油タンカー。たとえばタンクの通気口から火が出ているとする。それが定常的燃焼なのか爆発に至るかを判断して対処法を変えなければならない。どうやって判断するか。混合気体の濃度で決まるというのである。タンクからの流出量、流出口付近の風向き風速などで濃度が変わる。一定の値より高くなれば爆発に至るので直ちに船を放棄して避難しなければならない。爆発に至らない定常的燃焼ならば船を放棄せず、安全な場所に座礁させてから逃げよという。

　理屈はその通りだが経験を積まないと体は動かない。しかし、誰もこのような経験を積みたくない。雄洋丸の船長は部下を下船させ、駆け付けた海上保安部の消火船に促されるまで一人で火災と戦った。立派なシーマンシップだったと私は思う。

　事故からやがて五〇年。技術は日進月歩で様々なシミュレーションが進んでいると思うが、自然を相手にすれば人知を超えた事態は起こり得る。パンパンに膨らんだゴム風船で原油を運ぶような「離れ業《わざ》」の上に、私たちの日常が成り立っている。

5

短期実習は二年次から航海科と機関科が別立てになって機関室の当直はなくなっていた。

二年になると、神戸商船大学航海科の実習生と同じ練習船に乗る。一年次と同様に国内を巡航するが、当直の内容も少しずつ進んで船を動かす要素が増えていった。三年次では神戸商船大学の連中とも打ち解け仲間意識が強まった。当直内容はさらに進んでいった。

海図の上に「×」があり、実習生が一人ずつ船を動かしてその地点に投錨しなければならない。

私は視力が落ちていた。航海士の国家資格条件、裸眼視力一・〇以上は辛うじてあったが、視力検査の数値では表せない見えづらさを感じ「オカに上がる」（船への就職を諦める）ことも考え始めていた。

四年生になると卒業論文のテーマを決める。教官各位が数項目ずつ提示したテーマの中から選び「先生よろしくお願いします」と申し出る。教官の了承があれば、そこで卒論研究に入る。宮崎県出身のT君、山口県出身のE君と私。三人でチームを組み久々宮《くぐみや》久《ひさし》教授（操船論）の研究室を訪ねた。テーマは「後進旋回時の転心の位置について」。船の運動特性の研究である。

長さ二メートルほどの模型船を大学の船着き場で後ろ向きに旋回させ、模型船の位置と方位を連続的に測定して特性を調べる。模型船に音波発信装置を取り付け、その音波を船着き場に設置した受信機で受けて到達時間を測る。一秒ごとの位置を割り出し、模型船に積んだ小型ジャイロコンパスで船の向きを測る。位置と方向。これを分析するのである。

このような研究は実験の精度がすべて。精度を上げようとしたら途端に難しくなる。久々宮教授は「とにかく自由にやってみな」という人だった。私たちは失敗続きだったが、先生はいつも穏やかに笑っておられた。

五月の連休前から実験を始めた。舵の角度を五度、十五度、三五度（左右とも）、船の状態も水平、船首側が一センチ上がる、船尾側が一センチ上がるなど数種類。どうにか実験が終わったのは七月中旬。

データの解析は夏休み後にすることにした。学生生活最後の夏休み。私はアルバイトで貨物船に乗って実際の航海がどんなものか、実地で体験しようと決めていたのである。

憶を記す②

「浅水効果《せんすい》」というものがある。運河、水路などの狭い所に大きな船が入っていくと水位が上がる。古い話だが、戦艦「武蔵」の進水では長崎湾の水位が三〇センチから四〇センチ上がって周辺で床上浸水の被害があった。浅水効果の一例である。

石を乗せた桶を風呂に浮かべたら僅かに風呂の水位が上がる。その際の桶を考えるのだ。桶は底から縁まで二〇センチ。無限の水に浮かべた場合、十五センチ沈み、縁まで五センチ残して浮いていた。ところが風呂のような有限の水に浮かべたら一センチ余計に沈んで十六センチ。縁まで四センチしか残らなかった。これが浅水効果である。

船舶が浮いている状態で船体と水面が交わる線を喫水《きっすい》線、船底から喫水線までの距離を喫水という。船は水温の高いときほど塩分濃度の関係でよく沈むため夏期満載喫水線というものが定められていて、この深さまで貨物を積むことができるということを示す。

広い海を航行する場合はこれで問題ない。ところが狭い水域に入ると船が余計に沈むのだ。授業中に私が「マラッカ海峡を想定してのことですか」と聞くと、「そうだ」と言う。

マラッカ海峡はマレー半島とスマトラ島の間の長さ約九〇〇キロメートル、太平洋とインド洋を結ぶ海上交通の要衝だ。日本にとっては原油を運ぶオイルロード。幅は六〇キロから七〇キロあるが全体に浅く、大型船が通行可能なのは中央部の幅数キロといわれている。いま、私がサウジアラビアの港に停泊中の巨大タンカーの船長で、マラッカ海峡の最も浅い場所が水深二〇メートルだとする。さて、何万トンまで原油を積むことができるか。そういう問題である。

喫水十九メートルまで積むとすれば余裕は一メートル。それでは危ないと判断して十八メートルまで積むならば海底と船底の余裕は二メートル。巨大タンカーで喫水が一メートル違えば、原油積載量は何万トンも違う。さて、どうするか。しかも、二〇メートルという水深は満潮時である。時間がズレたら浅くなる。マラッカ海峡は大混雑しているから通過するとき何があるかわからない。一番深い所を通ることができないかもしれない。そこに浅水効果。広い海より余計に沈むのである。「ロンボク海峡を回るわけにはいかないのですか」と私は聞いた。インドネシアには十分な水深がある別の海峡がある。だが教授は「そっちを回ると航海日数が一日増える」。経済性と安全性。常に付きまとう問題である。

海運会社には多くの経験が蓄積されていて船長個人が現場で悩まなくてもいいはずだ。時々の船長によって積んでくる原油の量が何万トンも違っているのでは会社も困る。積載量などは会社側で管理するだろう。マニュアル化。そうであれば船乗りとは何か。ただ機械の番人ではないか。

歴史的に考えるとマラッカ海峡が浅く、狭いことが問題になったのは船が巨大化したからである。二〇二三年の今日、船舶はさらに巨大化してマラッカ海峡通過に適さないものが増え、ロンボク海峡を通るものが増えている。経済問題はいつの時代も条件一定ではない。最適コストパフォーマンスを求めて動く。私は海運の現実、厳しさを垣間見た。冒険とマドロスパイプ。そのような船乗りの世界は遠い過去の物語であった。

南洋珍道中

1

香港、シンガポール、フィリピンを回って約四〇日。報酬は八万円。航海士の免状は持っていないので甲板員での応募である。山本汽船との交渉は電話だった。時給ならば他にももっと高いアルバイトがあった。しかし、夏休み中は寮の食事が提供されず、後輩たちとの酒代もバカにならない。二年生のときも三年生のときもアルバイトに励んだが、終わってみれば手元には何も残らなかった。船に乗れば食費も交通費も不要。遊びに行くこともない。八万円が丸ごと残るという計算である。何より私は旅がしたかった。

一ヵ月前に決まったアルバイト。乗船する栄山《えいざん》丸は全員が韓国人というので、私はにわかに韓国語の勉強を始めたが頭に入らない。最低限、数詞が理解できないと話にならない。私はそこだけ特訓した。

七月下旬、身の周りの物を登山用のリュックに詰めて出発した。前泊した神戸商船大の学生寮で友人がこう言った。

「全員韓国人か。イノクチ、お前、大丈夫かぁ？」

脳裏にあったのは真っ赤なキムチ。

「韓国料理ゆうたらお前、辛くて食えんのと違うか。そら、たまに食べに行くのとは訳が違うで。毎日毎日、朝、昼、晩。三食ともアレやで」

　スーパーを回って用意したのが日清チキンラーメン。船の中は自由にお湯を使うことができる。一日二食。都合八〇食あれば大丈夫。そんな計算だった。ところが、私は乗船したその日から韓国料理のとりこになった。辛さに深みがありキムチの美味《うま》さに感動した。栄山丸の冷蔵庫には十個以上のポリタンクがあってキムチが漬け込まれている。司厨《しちゅう》長の腕の見せ所。真剣勝負。後に聞いたことだが、キムチが不味《まず》ければ船員たちが怒り、半殺しの目に合わされるのだと言う。ステンレスの鍋にみんなでアルミの箸とスプーンを突っ込んで食べるのが韓国の流儀。日本の「和えもの」のように軽く混ぜ合わせるのではない。キムチも山菜も力を入れてご飯に練り込むようにする。言葉は通じないが、同じ釜の飯を食うとはこのこと。口に入るものはみな美味《おい》しく感じた。

2

　乗船早々やらかした。神戸港を出て三日目の午後、栄山丸はバシー海峡に向かっていた。赤錆《さ》びた鉄板に太陽が照りつけ、噴き出す汗とともに乗組員をイライラさせていた。

　ゴォー。

　騒音ばかりで効きの悪い冷房機。送風孔の向きを変えても一向に冷気を感じない。操舵員《クオーターマスター》のキムが「サンタマリア、サンタマリア」と言いながら、フライパンを持って豆を煎《い》るポーズ。「われわれはフライパンの上の豆だ」と言いたいのだ。

「あれッ」

ぶらりと船長が現れた。開襟《かいきん》シャツにステテコ。長身痩躯《そうく》、眼光鋭く、眉間に深い皺《しわ》を刻んでいる。割れ鐘を叩いたようなダミ声がブリッジに響いた。

「イーベェク サンシッ オド　ステディー」（二、三、五度に転進せよ）

操舵号令は日本と同じ英国式。

「イーベェク サンシッ オド　サー」

と言いながら私は一、三、五度と勘違いしていた。船が左転を始め、方位盤も回り出したそのとき脛《すね》に激痛が走った。となりに立っているキムが蹴ったのである。手加減したかもしれないが安全靴の爪先には鉄板が埋め込まれている。目から火が出るとはこのことだ。

「イノクチ、二三五度！」

と船長。今度は日本語だった。出入港のときを除いて船長が船橋《ブリッジ》に立つことは滅多にない。今の当直は一等航海士《チョッサー》。普段ならオートパイロットを入れ放し、操舵機《ティラー》も握らずに走っている。船長は何のために上がってきたのか。緊張が走った。

韓国の船員社会では船長の権力は絶大である。もし「不適格下船」とされたら次の寄港地で解雇され、故郷に帰らねばならない。船員手帳に不適格の印を押されようものなら再就職も難しくなる。

操舵はキムの仕事だが身振りで、

「お前やってみろ」

といわれ、私が操舵機を握っていたのだ。こいつの腕を試してみようという気分があったのかも知れない。一等航海士《チョッサー》は鼻歌まじり。「ファーレン」と聞こえたので花蓮港を舞台にした歌のようだ。栄山丸は数時間前に花蓮の沖合を通過したばかりだった。

そこに船長が現れた。いつ海図を見たのかわからないが、ポイントを正確に把握して二三五度への転進を命じたのだった。私は少しずつ面舵《おもかじ》を大きくして針路を立て直した。栄山丸は大きく揺れることもなく二三五度に復帰し、台湾の南端を回って香港に向かう航路に乗った。

キムが船長に何か言っている。私に舵を握らせていたことの弁解であろう。

「イノクチは舵の扱いが上手《うま》いじゃないか」

船長の一言で緊張は氷解した。

「ここは辛い海だ。アメリカの潜水艦にどれだけの貨物船が沈められたことか」

日本語だった。船長は青い波頭《なみがしら》を見ていた。誰か大切な人がこの海で亡くなったのかも知れない。

3

摩天楼が見える。海は黒く汚れている。栄山丸の両舷にジャンクが横付けして荷を積んでは次のジャンクと入れ替わる。満々と帆を張って海原を走るジャンクは大航海時代さながらだ。初めての香港は十八世紀と現代が混在しているような錯覚を与えた。

甲板はステベ（荷役作業員）たちでごった返し、露天商は薪を割って煤《すす》けた灯油缶に火を起こしている。豚皮の脂《あぶら》でインディカ米を炒め、バナナの葉に包んで売る。別の灯油缶には鍋を据え汁を煮込んでいる。甲高く尖った中国語。口角泡《こうかくあわ》する男たち、女たち。ねっとりとした豚脂《とんし》とすえた臭いが栄山丸の甲板に漂っていた。

ステベたちは巻上げ機の発停を繰り返してデリック（船舶付属のクレーン）を操り、高々と吊り上げた貨物をジャンクに落とし込む。上手いものだ。乗組員たちは甲板に出て作業を見守っている。倉庫の扉、船内に通じるドアはすべて施錠。

「あいつら泥棒ばかりだから見張っているのさ」

操舵員《クオーターマスター》のキムだった。キムは表情豊かでジェスチャーも上手い。身振りでもこのぐらいのことは通じる。

「イノクチさん、船長、船長」

今度はボーイのキム。はて何の用か。いぶかる私に早く行けと親指を立てる。船長は公室で書類に目を通していた。

「次のサンパンで荷主に挨拶に行く。イノクチ、お前も来なさい。シャワーを浴びて制服を着るように。急げ」

サンパン（通船）は沖合に停泊する船を回って岸壁まで運ぶ。私は夏の制服を着て船長に従った。タクシーの中で船長は荷主のことを「香港で十指に入る大金持ちの息子だ」と言う。彼のオフィスは見上げるようなビジネスタワーの三〇階。受付の中国人女性の案内でソファーに座っていると四〇代と見えるスーツの男が現れた。船長は割れ鐘を叩いたようなダミ声英語で挨拶して書類を広げ、荷物到着の報告を始めた。

「船長、この人の荷物って何ですか？」

「カシオの電卓、三万台。三日で売りさばくと言っている」

「そんなに早く？」

「ヤミで大陸に持って行くんじゃないか」

香港は中華人民共和国と西側世界の接点。船長は私のことを実習生と紹介した。商船大学の実習生を受け入れているといえば会社の品格が上がるというのだ。

　ファッション雑誌から抜け出たようなフランス人秘書が現れたのは荷主との話がほぼ終わったとき。彼女は夕食の希望を聞いている。船長はフランス語に切り替えた。片言だが通じてはいるようだ。

　夕闇が迫り摩天楼にだんだんと灯が点《とも》る。煌々《こうこう》とシャンデリアが輝くレストランは荷主の経営。贅を尽くした料理だったというだけで、そこで何を食べ、何を飲んだのか覚えていない。ステベたちが甲板上で食べていたのはおそらく一食数十円の炒飯&スープ。これが香港の姿。二つの光景を受け入れるには時間が必要だった。

4

「稼ぎは減価償却が済んでから」

　そのような言い方がかつての日本海運界にはあった。船舶は帳簿上の減価償却が終わったころからようやく利益が出るという意味である。航海中も整備を怠らず船を長持ちさせ、船歴十五～二〇年を過ぎてから活躍したのだ。しかし、時代はだんだんと駆け足になっていった。新鋭船を建造し、国際競争力が高い数年間だけ使って売却する。その売却益でまた最新鋭船を造る。そのようにしてノシ上がり、巨大な海運会社を作り上げる。その代表が河本《こうもと》敏夫氏率いる三光《さんこう》汽船だった。競合他社も買収して日の出の勢い。業界では〝三ピカ〟と呼び、畏怖の念で眺めていた。私はそうした海運界の現状に、これでいいのかという思いを抱いていた。

「〝三ピカ〟の奴、いつかコケるに違いない」（同社は一九八五年八月、造りすぎた船舶が売却できなくなって倒産した。日航機事故の前日、戦後最大の倒産だった）

山本汽船は大分県のローカル船会社。栄山丸は古い船で合理化も進まず三五人が乗り組んでいる。練習船と同様、船長にはバスルーム付きの私室と職務用の公室。仕官と部員（甲板員、機関員など）は居住区も食事場所も違う。私は騒音と油の臭いにまみれた部屋に寝起きしていたが、部員には部員の世界がある。同世代の連中も多く私はだんだんと打ち解けていった。

　舵取りを失敗してから私は船橋には上がらず、水夫長《ボースン》の指揮下で午前、午後四時間ずつの整備作業。水夫長《ボースン》はイさんといった。小柄だが俊敏で「この船で一番、喧嘩が強い」と言われていた。

「水夫長《ボースン》の頭突きをまともに食らったら、失神する」

　航海中の整備作業は錆《さび》が浮き上がった塗料を剝《は》ぎ落して新たにペンキを塗る。水夫長《ボースン》が毎日の作業区画を指示。私は甲板員のヤンとコンビを組んだ。ヤンは私よりやや年上の元プロボクサー。「かなり上までランクしていたらしい」と周りは言うが、本人の口からは聞いたことがない。左のこめかみから口元に向けて目立つ傷がある。さながら元ヤクザで俳優の安藤昇《のぼる》である。この傷についてもヤンは語ろうとしなかった。

　あるときヤンの部屋の前を通るとカーテンが開いていて（船室は金属製ドアで閉め切ることもできるが、たいていはカーテンで廊下と仕切っている）、ヤンが手紙を書いているところだった。目が合って「入れ」という。釜山に住む彼女に宛てた手紙。チマチョゴリ姿の写真も見せてくれた。彼女は看護婦。家を借りる敷金《チョンセ》が貯まったら結婚するのだと。

「どんな家？」

「釜山では新しい鉄筋のアパートが建設されている。そのどこかに入居したい」

　ヤンは雑誌に載った新興アパートの写真を見せた。海に面した緑の多い立地。五階建ての白いアパートが並んでいた。

5

シンガポールは赤道直下の北緯一度。気温は高いが空気が乾き、日本のような蒸し暑さはない。街は清潔。ゴミ一つ見当たらない。

「行きつけの飲み屋があるからついてこいよ」

操舵員《クオーターマスター》のキムに言われて私はサンパンに乗り込んだ。屋号は「さくらのや」。日本人相手のレストランだ。日本風にいうなら「カラオケ付き居酒屋」。中国人夫婦の経営だった。出て来る料理は和風にしつらえているが和食ではない。チャイニーズが考える和風は「日式」と呼ばれていた。女主人が表を切り盛りして親父が奥で調理。二人のマレーシア人女性が手伝っている。国土は狭いがシンガポールは多民族国家だ。

昼間の酒は効く。韓国の船員たちは軍隊経験があって酒の面でも鍛えられている。瞬く間に店中のビールを飲み干してしまった。それでも足らず「サケ、サケ」と日本酒を要求した。女主人は両手を振りながら「無い」という。何でもいいから酒を出せ。何を飲んでいるのか判然としない。

マイクを回してカラオケが始まった。やがて分厚い歌詞本が私の所に回されて何か歌えという。事務長《パーサー》が「津軽海峡・冬景色」のページを開き「これこれ」。前年の紅白歌合戦で石川さゆりが歌った曲がシンガポールのカラオケで歌われる。経済大国ニッポンの面目躍如である。

♪上野発の夜行列車おりた時から　青森駅は雪の中

事務長《パーサー》は私の歌声を聞きながらハングルで歌詞を書き取っていく。

♪ごらんあれが竜飛《たっぴ》岬北のはずれと　見知らぬ人が指をさす

私が歌い終わると事務長《パーサー》がすぐに日本語で歌い始めたのには驚いた。甘く切ない声だった。

帰りのサンパンを待つ波止場で、私たちはギリシア人船員の一行と鉢合わせた。嫌な予感がした。ギリシア人船員は体が大きいだけでなく態度もでかい。そんな悪口を何度か聞かされていたからだ。理由などない。せいぜい肩が当たったぐらいのことだろう、喧嘩が始まった。水夫長《ボースン》の頭突き、一等航海士《チョッサー》の蹴り（彼は海軍でテコンドー師範だった）、ヤンの右フックが炸裂して、ギリシア人船員たちは全員がへたり込んでしまった。中には大の字に倒れている者もある。サイレンが鳴り、私たちはシンガポール港警察に連行された。

「ＯＫ、ＯＫ。ケンチャヤナヨ、ケンチャヤナヨ」

取り調べを待つ間、操舵員《クオーターマスター》のキムが両手を広げしきりに大丈夫だと言う。

「船長が韓国の偉い人に連絡してくれるはずだ」

「偉い人？」

「韓国で一番偉い人だ」

「大統領か？」

「そうだ、大統領だ。船長は朴《パク》大統領と仲良しだ」

たかが船乗り同士の喧嘩に大統領でもないだろうが、ひょっとすると本当に船長が裏から手を回したのかもしれない。私たちは二時間ほどで解放された。

6

夜になって下顎が疼《うず》きはじめた。昂奮して記憶がないのだが、混乱の中、誰かに殴られていたようだ。あるいは肘が当たったのかもしれない。私は事務長を起こし「鎮痛剤、抗生剤」と書いたメモを渡した。私の顔を見た事務長《パーサー》はすぐに察して鍵束を持って医務室に行き、必要な薬を出してくれた。適量など分からない。構わず十粒ほど口に放り込み、そのまま寝ようとしたらボーイのキムがやってきた。

「さくらのや」の美しい娘にどうしても会いたい。私たちが飲んで歌っていたとなりの部屋で、天使のような少女が独りで勉強していた。「さくらのや」の住所も電話も分からない。

私は上衣を探った。店を出るとき名刺を一枚、ポケットにねじ込んだ記憶があったのだ。取り出した名刺を見たキムは「今からすぐに電話しろ」と催促する。「遅いから明朝、電話する」。キムを納得させるのは一苦労だった。

「ああ、あなたは昨日の日本人だな。有難う。たくさん売り上げたよ」

「さくらのや」の主人は日本語を話すことができた。

市内を見て回りたいが全く地理が分からない。天使のように美しい娘さんに案内して欲しい。しかるべき報酬も支払うと頼み込んだ。主人はすぐに了解し、「娘は熱心なクリスチャンだから報酬は受け取らない」という。

約束場所はサンパン波止場の近く。彼女はステーションワゴンを運転して現れた。名前は「エンジェラ・チャン」。なるほど本当に天使《エンジェラ》である。正式な洗礼名か否かはわからない。

「あれが市役所。そこが郵便局」

案内をしながらエンジェラは青黒く腫《は》れた私の顔の訳を何度も聞く。

「喧嘩したって、いつ？　誰と？　なぜ、喧嘩したの？」

キムはぼんやりと外を眺めている。

「水族館が見たい」

とにかくエンジェラの運転を止《や》めさせなければ話にならない。

水槽の周りを三人で歩いた。熱帯魚ファンの私にとって垂涎《すいぜん》の魚たちだ。私はただ黙って魚に見入っていた。さすがに彼女も黙り込む。

「キムは君に一目ぼれしたんだ」

私は昨夜からのいきさつを説明し、二人を残して船に引き上げた。帰りのサンパンの中で、ずきずきと下顎が痛んだ。

キムがいそいそと船に戻ってきたのは夜だった。

「手ぐらい握ったのか」

キムは首を横に振る。

「自宅の住所と電話番号を聞いた。これで十分だ。次にシンガポールに来た時には大丈夫だ」

親指を立てながら「一〇〇回押して倒れない木はない」。韓国の諺《ことわざ》である。

7

島々に囲まれたスールー海。栄山丸はミンダナオ島に向け針路を東にとっている。波がまったくなく船は微動だにしない。三脚を立てれば天体写真でも撮影できそうな凪《なぎ》だった。午前の仕事を終えて部屋に戻ると電話が鳴った。受話器の声は船長だった。

「食事をせずに私の部屋に来なさい。午後の仕事もしないでいい」

公室の前に行くと船長は電話中で野太いながら丁寧な響きを湛えた声が漏れていた。目上の人に遠慮がちに話しているようだ。私を見ると、そこに座って待っていろと肩口に受話器を挟んだまま顎をしゃくる。長く感じたが五、六分だったろう。電話が終わると同時に今度は船内電話に切り替え何かを命じた。いつものダミ声だった。

間もなく司厨長以下三人が来てテーブルに十枚ばかりの皿を並べた。数種類のキムチ、生野菜、味噌などだ。そして瓶ビールを段ボール箱のまま置いて帰った。シンガポールで積んだタイガービール。私が栓を抜き、船長と自分のグラスに注ぎ、口を付けるのをためらっていると、

「日本式でいい、どんどん飲みなさい」

韓国式であれば目上の人の正面を避け、口元を隠すようにするのが作法である。

「口の傷は治ったか。みな心配していた」

船長は私が殴られたことを知っていた。もしあの時、私が傍観者に徹してかすり傷一つなかったらどうなっていただろう。喧嘩が仲間意識を深めてくれた。ご飯と同様、練り込むような一体感を彼らは求めているのだと私は思った。まさに怪我の功名である。

私は操舵員《クオーターマスター》のキムの話を繰り返した。

「喧嘩ぐらいで大統領に言うバカがいるか。外交問題にする気か。はははは。朴（正熙《チョンヒ》）大統領からは定期的に電話が掛かってくるんだ。今もそうだった」

「大統領とはどういう関係なのですか？」

「私の上官だった。一緒に戦場を潜り抜けた。年齢が近かったから気が合って何でも語りあった。戦友よ。大統領は冷徹で頭のいい人だ。私は辛泳河《シンヤングハー》という名前の通り、大統領の下で辛い河を泳いできた」

感慨深げである。いつ、どの部隊で、どのような戦いだったのかを聞きたかったが、私は韓国の歴史を知らない。何かを聞くには相応の知識が必要である。

ビールの空瓶が十本ほど並んだ。小瓶とはいえそれなりの量。船長がまた受話器を取り、司厨員が蟹の味噌漬けと牛肉の煮込み、鮑粥《あわびがゆ》などを運び皿を取り換える。ぬるくなったビールも新しいものに差し替えられた。

「遠慮せずに食べなさい。司厨長は腕がいい。美味いだろう」

テーブルに雑誌が置かれていた。政治向きの総合誌で漢字とハングルが並んでいる。漢字を拾い読みしていくと、ぼんやりと意味が分かった。

「ほう。分かるか。韓国の若者も日本の雑誌をだいたい読む。同じように漢字を拾ってな」

「船長はどこで日本語を勉強したのですか」

聞いた瞬間に愚問だと悟った。船長は日本統治時代を生きた人ではないか。

「小学校のとき国語のS先生は日本人だった。漢字もハングルもS先生に習った。何度も家に遊びに行った。奥様もいい人で、よく私にお菓子をくれた。日本語は自然に覚えたよ」

「いい先生だったんですね」

「S先生の家の近くにドブ川があって板の橋が掛かっていた。私は足を滑らせてドブに落ち、白い服が真っ黒に汚れてしまった。お母さんに怒られると思って泣いていたら、先生の奥様が通りがかって家に来なさいと。私の服をきれいに洗濯してアイロンまでかけてくれた。嬉しかったなあ。その後、S先生の一家は台湾に行き、向こうでも小学校の先生をしていると聞いた。帰国するときに船が撃沈されたらしい。昭和二〇年の初めごろだと思う。もう一度、会いたかった」

8

ブトゥアンはかつてミンダナオ島にあったブトゥアン王国の古都。十六世紀、スペインに滅ぼされるまで王朝が続いたという。人口は十万人（当時）。港を出ると舗装のないガタガタ道だった。

「プレンド、プレンド」

自転車の荷台に木箱を積んだ少年が巻き舌の英語で話しかけてきた。木箱にはアイスキャンデーの絵が描いてあった。一本くれと身振りすると割り箸を芯にして凍らせた赤いキャンデーを差し出した。自転車の後ろにはぞろぞろと子供の列。あの子たちにも配ってやれと私はまた身振り。少年に一ペソ銅貨を握らせた。日本の五〇〇円玉のような白銅貨。当時、一ペソは四〇円ぐらいだった。十四、五人の子供たちがみなアイスキャンデーを舐め始めたのを見て、私は立ち去ろうとした。

「プレンド、プレンド」

少年が呼び止める。丸いコイン、四角いコイン。彼は片手にいっぱいのおつりを私の手にねじ込んだ。

カラフルなジプニー（乗り合いタクシー）が砂埃を巻き上げてやってきた。一等航海士《チョッサー》、操舵員《クオーターマスター》のキム、甲板員のヤン。ボーイのキム。そして私。満員のジプニーに無理やり足を掛け、片手で車体をつかんで体をねじ込んだ。市街地に着いてどこをどう歩いたのか分からない。ヤシの葉を葺《ふ》いた高床式のレストランで昼食をとることになった。何を食べたかの記憶も飛んでいる。その後に起きたことが余りにハチャメチャだったからだ。

私は持参したＳＯＮＹのラジカセのスイッチを入れた。日本を出るとき、無聊《ぶりょう》を慰める小道具として秋葉原電気街で買った中古。太田裕美《ひろみ》のテープがおまけで付いていた。

「喜ばれるから持って行ってみろ」

船長に言われていた。

♪恋人よ　ぼくは旅立つ　東へと向かう列車で
　華やいだ街で　君への贈り物　探す　探すつもりだ
ワンコーラス終わるころには人が集まっていた。

「ゾニー、ゾニー」

電池で動くところが肝だったようだ。人口十万人の都会でも田舎に行けば電気が通じていないらしい。人垣をかき分けるように私たちはレストランを出て、しばらく歩くと公園があった。一等航海士《チョッサー》が後ろを振り返る。猫背の男がついてきていた。テコンドーの達人の射るような眼で睨まれれば大抵の人間はひるむのだがこの男はそんな様子を見せない。二人は何か話している。

「イノクチ、このラジカセいくらだった？　売ってくれと言っている」

「七千円……」

「俺に任せるか。損はさせない」

間もなく〝商談〟が終わった。

「これからある所に行くから娼婦を選べ。レストランで夕食。ナイトクラブの酒代。娼婦のお手当、ホテル代。すべてこの男が持つ。ラジカセ一台なら安いだろう」

「大丈夫か？」

と操舵員《クオーターマスター》のキム。

「安心しろ。約束を守らなかったら殺す。ノミを踏み潰すように殺すと言っておいた」

蛇《じゃ》の道はヘビなのだろう。

9

十数人の女性がいた。人種のるつぼ。それぞれに選んで一夜のパートナーを決める。ボーイのキムはインド人の大柄な女。シンガポールの「天使」とはえらい違いじゃないか。私は小柄なベトナム娘に決めた。さしたる理由はない。目が合ったというか、瞳が輝いて見えたからだ。五組十人の移動は猫背男が手配した車。レストランには十人分の席が用意されメニューも決められていた。ナイトクラブにはほとんど照明がなく、ライターの火をかざさなければパートナーの顔も見えない。

「だからナイトクラブという。顔が見えたら困る場合もあるだろう」

と一等航海士《チョッサー》。一理ある。

「朝寝坊するなよ。財布から何から女に持ち逃げされた男もいるからな」

これも一等航海士《チョッサー》。なるほど。

店を出るとすっかり夜の帳《とばり》が降りていてベトナム娘に案内されたホテルは名前も分からない。天井の高い部屋。バナナの葉を三枚合わせたような扇風機がブンブン回っていた。ベトナム娘が身振り手振りを交えた片言英語で語り始めた。

「私の家族はサイゴンに住んでいた。父はベトコンに連行された。母も行方不明になった。私は弟と一緒に逃げた。いざという時のため太腿《ふともも》に埋め込んでいたダイヤモンドを売り、ミトという町から弟と一緒に舟に乗った。たどり着いたのがフィリッピンだった」

ボートピープルだというのだ。娼婦の寝物語。私は七割引きで聞いた。娼婦が服を脱ぎ始めた。裸になるのが自身の定めだと、無言でそう言っている。小麦色の肌。小さな乳房。最後の一枚に手を掛けたとき私は愕然《がくぜん》とした。木綿の提灯《ちょうちん》ブルマーのようなパンツ。まるで体育の授業だ。しかも小さな虫食いの穴がある。ベトナム娘の身の上が哀しすぎた。

「なぜ、私を抱かないのか」

娼婦はしばらく私を責めた。理由を説明することができなかった。片言英語で語れる内容ではない。二人で添い寝してぐるぐる回るバナナ扇風機を眺めた。彼女はベトナム語の歌を口ずさんでいた。

眩しい朝日が差し込んでいた。枕元でカサコソと音がする。それは近づいたり、止まったり、遠のいたりする。目を開けると巨大なゴキブリ。私が起き上がるとバタバタと羽音を残して飛び去った。いるはずのベトナム娘がいない。一等航海士《チョッサー》の言葉を思い出してカバンを改めた。財布もパスポートも無事だった。しばらくしてベトナム娘が紙袋と牛乳瓶を抱えて戻ってきた。

「朝食を作る。私のお母さんはサンドウィッチを作るのが上手だった。私も上手だ。クロワッサンは手に入らないから食パンで作る」

ハムと野菜を挟んだサンドウィッチはボリュームがあり、冷たい牛乳が胃袋に心地よかった。

陽が高くなったが、私は船までの帰り道が分からない。ベトナム娘は送っていくという。来た通りのジプニーに揺られて港に着くと船上のデリックがラワンの原木を積んでいた。

「あなたの部屋が見たい」

「ノー。汚いからやめろ」

それでもベトナム娘はついてきた。

「汚なーい」

丸め込んだ洗濯物がすえた臭いを発している。

「洗濯機はどこ？　洗剤は？」

案内するとベトナム娘は洗濯機を回し始めた。私の部屋を雑巾がけして磨き上げる。脱水機から取り出した作業着や下着を干し、安全靴とサンダルをきちんとそろえた。

「私、帰る」

そう言ったのは夕方だった。ジプニーを下りたガタガタ道まで送った。財布にしわくちゃの千円札が二枚。何の意味もないただの紙切れに見えた。人はなぜ、こんなもののためにあくせくしているのか。彼女のポケットに無理やりねじ込んだ。ベトナム娘はちょこんとお辞儀をした。僅かなジプニー代を惜しんで歩いて帰るベトナム娘の背中を見送った。

10

セブ島のアレササンは地図にも載っていないラワン原木の積出地。沖合に錨を下した栄山丸にモーターボートが接舷して五人の男女が乗り移ってきた。入管、税関、検疫と通訳だという。そんな馬鹿な。入国手続きはブトゥアンで済ませているではないか。

「イノクチ。理屈はどうでもいい」

船長は笑っている。彼らは袖の下を求めているのだった。機嫌を損ねると四時間でも五時間でも書類にサインしないと船長がいう。荷役が遅れる損害の方がはるかに大きい。船長は五人を公室に案内し、各自にリンゴ一個とキッコーマン醤油の小瓶を麗々しく手渡した。

「そうだ、お前のチキンラーメンも食わせてみよう。食堂に持ってこい」

プラスチックの丼に麺を入れ、私は彼らの目の前で熱湯を注いだ。

「ウェイト、ウェイト（待て、待て）」

お湯を入れる前に齧《かじ》り付こうとした男がいた。目を白黒させるとはこのこと。最長老と見える人物は麺を一本一本、目の高さまで箸でつまみ上げ不思議そうに食べる。女性通訳は「半分でいい」と言い、残り半分を鞄に詰めた。主人にも食べさせるのだという。船長の作戦勝ち。彼らはすべての書類に押印して帰っていった。

曳舟《ひきふね》が筏《いかだ》に組んだラワン原木を舷側まで運んでくる。デリックが船上に運び入れる。栄山丸は既にブトゥアンで船倉一杯にラワンを積んでいる。ここでは甲板の上に積み上げていくのだ。

荷役作業に紛れて手漕ぎ舟が来た。男二人が舟を漕ぎ寄せ、

「ラーメン、チェンジ」

意味が分からない。

「ラーメン、チェンジ」

チキンラーメンのことだと気が付いた私は二人の男に二袋ずつ持ち帰らせた。それが〝ラーメン狂騒曲〟の幕開けだった。

乗組員たちは同じような男たちが来るたび「もうない」と手で追い返す。その先は私にも読めた。ラーメンの噂が広がっているにちがいない。ならばこちらから持って行き何かと交換しようというのだ。私は段ボール箱のチキンラーメンを食堂に運んで開放した。

船長と一等航海士《チョッサー》に連れられ、サンパンで上陸した。既に日が暮れ、それぞれの手にランプを提げて夜道を歩いた。人々が集まっている場所があってそこだけ煌々とライトに照らし出されている。教

会だ。船長は過去に一度ここに来たことがあるという。サンミゲールビールを飲みながら二人は何事か話している。この夜は美人コンテストが開催されていた。

「娯楽がないから、しょっちゅう美人コンテストをやる」

吹き抜ける風は乾いて、穏やかな夜が過ぎていった。同じようにランプを提げ、来た道を引き返した。数百メートル歩いたところで、

シュー。

シュー。

風切り音がし、握り拳ほどの石が私たちをかすめた。

「伏せろ、ランプを消せ」

風切り音はその後、五、六回聞こえ、それで終わった。暗闇に目がなれるのを待って私たちは波止場まで歩き、サンパンを呼んで船に引き返した。漢字の船名を見て日本人が来たと思った何者かが石を投げたのだ。

「イノクチ、戦争が終わって三十数年。傷は簡単に消えない。特に男はな。恨みを忘れない」

再び船長のダミ声だった。

11

翌朝、司厨長が丸々と太った豚の首に荒縄を掛けて通路を歩いている。

「ラーメン三個と交換した。美味いものを食わせてやるよ」

「ビッグインコ。ラーメン五個だった」

という者もいた。風呂場に渡した止まり木には頭から尻尾の先まで五〇センチを超えるような極彩色の鳥がいて「ギャーッ、ギャーッ」と奇声を発している。

「俺は小学校の女教師の家に泊まってきた。今まで一緒だった」

という者もいる。チキンラーメンで？

「あいつは嘘つき、嘘に決まっている」

船長のダミ声が船内放送で響いた。夜歩くときはランプを点けるなということだった。

「ラーメン、チェンジ」

また、あの声が聞こえた。手漕ぎ舟からはみ出すような白いサンゴを獲って持ち込んできた。

「持ってこい、持ってこい！」

船上から手招きしている。段ボール箱を見ればチキンラーメンは三〇個ほどに減っていた。これから上陸する者たちのために残しているという。

12

お金とは何だろうか。私はぼんやりと考えていた。お金のない時代、人々は物々交換をしたのだろう。市が立つようになったのはいつの時代からだろうか。誰がお金を発明したのか。お金は食べ物と違って貯蔵ができ、強い者の所に集まり、貧富の格差を生んだ。隣り組から国家間の騒乱まで、お金はトラブルの原因になった。お金のない社会に戻ることができないだろうか。そんなとりとめもないことが頭の中を巡っていた。

八月下旬、栄山丸は帰国の途に就いた。甲板の上までラワン原木を積み上げたので重心が上がり、ゆらりゆらりと揺れる。昼間からコオロギのような虫の鳴き声が聞こえる。毒虫が潜んでいるかもしれないので作業は船内に限定された。向かうのは福岡県三池港。ここでラワン原木は燻蒸《くんじょう》殺菌され、製材され、人々の生活を支えることになる。

ラーメンと交換された極彩色の鳥は米粒と野菜くずを食べて元気だ。巨大なサンゴは四五〇度の水蒸気を吹きかけられて絶命し、黄ばみが取れて純白になった。乗組員たちは手慣れたもの。サンゴに合わせた木箱を作り倉庫に保管している。いずれ、どこかの港に揚げて売りさばこうというのだ。

台湾沖を北上しているとき三池港の次は釜山港に入るようにと山本汽船から指示が入った。乗組員たちは欣喜雀躍《きんきじゃくやく》。ひょっとするとヤンはアパートの下見に行くかも知れない。

八月末、三池港に到着して私は下船した。

「美味いものを食わせてやるぜ」

多くの乗組員が釜山港まで一緒に来いと言った。しかし、卒論を終わらせなければならない。私は現実世界に引き戻された。

幸福《しあわせ》のグリーン・フラッシュ

1

私たち三人の卒論は模型実験で船の運動特性を推測するものだった。一つの実験で二千から三千のデータを計算しなければならず、条件を変えて実施した実験が三〇回ほどある。

「君たち、電卓をたたくかね」

操船論の久々宮《くぐみや》教授は穏やかな笑みを湛えておられた。手計算できるはずもなく大学のコンピュータを使わせてもらう以外にない。

「ＦＯＲＴＲＡＮ《フォートラン》を勉強しなさい。学習書は初心者向けのもので十分だ。焦らず気長にやること」

「なぜ、初心者向けで十分なのですか」

「君たちは若いから難しい解説書を読めば興味をそそられる。面白がって熱中する。船の運動特性を調べるのが目的なのにコンピュータを使うことが目的になってしまう危険がある。コンピュータは魔物だからね」

ＦＯＲＴＲＡＮは人間の言語に近いとされるコンピュータ言語。見よう見まねでプログラムを作り始めた。最初に一万個ぐらいの記憶場所を用意し、その一つ一つに番地を割り当てる。たとえば１から９９９９番地。そこに実験結果の数値を入れ、足したり、引いたり、掛けたり、割ったり。手順に沿って計算させる。全体で数百のプロセスからなるが、プログラムとしては簡単な部類だ。人力では何年もかかるだろう計算をコンピュータは数分でやってのけた。

コンピュータが模型船の位置を示す点を描いていく。極端にいびつなものが現れたらデータ入力のミス。血眼になって間違いを探し、修正する。そのようにして描き出された数百個の点をある数学の手法を用いて曲線に書き直す。昼夜不休。そこから船の運動特性を推定し、卒業論文を下書きして久々宮先生に報告した。船が後進旋回しているときの回転中心（転心）は、船の中央よりやや後ろにあるが一定ではなく、ふらふらと前後に移動している。それが私たちの推定だった。

「怪しいなあ。そもそも実験の精度が悪いから誤差が大きい。君たちは誤差を分析したようなものじゃないか」

厳しい指摘だったが先生は穏やかに微笑んでおられた。実際の船を動かして転心の位置がふらふら移動するような感じはない。人間の感覚は曖昧《あいまい》で不確かだが、ある局面では極めて正確だ。測定器では計れないものでも感じ取ることができる。

「結果はさておき、君たちは頑張った。安心して遠洋航海に行ってきなさい」

卒業論文は必須の一単位。これがないと卒業できない。久々宮先生は私たちの卒論に単位認定を内定してくださったのだった。

2

「会社訪問に行くがお前も来《こ》んや？」

高校時代の友人Kからの誘いに乗った。「オカに上がる」ことに傾いてはいたが、就職活動をどのようにしたものか分からない。取り敢えず企業を訪ねてみなければなるまい。KはS大法学部の四年生。履歴書に写真を貼ってKに従い、地元地銀の本店と都市銀行の福岡支店を訪ねた。最初は地銀本店。

「K君こちらの部屋にどうぞ。井口君はご苦労様でした」

二時間ほどKを待ち、午後から都市銀行へ。ここでも「井口君ご苦労様」であった。Kは双方の内定をもらい、どちらにするか今夜中に返事しなければならないという。

「おい、ただの訪問じゃなかったのか」

入社試験はあるが形だけのことだと言う。翌日、都市銀行に行くと決めたKに付き添われてS大就職課を訪ね、担当者に履歴書を見てもらった。

「井口君は指定校じゃないけん、ちょっと難しかねえ」

指定校の学生でなければ受験もできない。娑婆《しゃば》には娑婆のルールがあるのか。暗然たる気持ちでKと酒を飲んだ。

翌朝、新聞を眺めると一面のトップに大型フェリーと貨物船の衝突事故の記事があった。ツラツラ読んだが状況が分からない。何度読み返しても辻褄《つじつま》が合わない。

「何じゃ、この記事は？」

よし、ここを受けてみよう。こんな記事は粉砕すべきだ。私はそんな動機だけで西日本新聞社を訪ねた。受付に和服の女性が座っている。凛とした印象の人だった。受験したいというと「人事部に行きなさい」。キョロキョロする私に「十二階、そこからエレベーターに乗りなさい」との仰せ。人事部を訪ね、再び女性に声をかけた。彼女は私を振り返り、顎をしゃくった。

「岩崎（文正）君、変なのが来とーよ」

それもそのはず、私はジーパンにポロシャツ姿だった。

「何《なん》かァ、ウチを受けたいとや？」

「この記事、でたらめですよ。こんな記事じゃ、西日本新聞社がバカにされます」

私は唐突に話を始めた。間仕切りのあるソファーに座り記事のおかしさを説明した。海難事故では一般的には海上衝突予防法が適用されるが、何の障害物もない広い海でのことである。この現場では港則法が適用されるに違いない、云々。

「事故が起きたばかりで、その辺りははっきりせんのじゃないか」

「港則法が適用される海域か海上衝突予防法が適用されるか微妙な場所かもしれません」

「新聞とは、その時点で分かったことを、その時点で伝えるものなのだ」

「ならば、このようにしたり顔の記事はどうかと思います。いかにも分かったような感じで書いているのに、実は何も分かっていない。それならそうと書くべきでしょう」

妙齢の女性がお茶を運んできた。お茶を淹《い》れてくれた、そのことだけで私は嬉しかった。

「指定校制度はウチも採用しているが、社内に推薦人がいればその限りではない」

知り合いはいないが推薦人を探せばいいのだな。簡単なことじゃないか。私は勝手に、自分はこの新聞社に入るのだと決めた。

「入社試験は十月だ」

「いえ、私はこれから九ヵ月の遠洋航海に出ます」

「何か、受けるのは来年か。よし、港、港から、お前さんの見聞きしたこと、言いたいことを書いて俺に送れ。待っとるぞ」

私は寄港したハワイ、シンガポールなどからレポートを送ったが、何を書いたのか今となっては覚えていない（後日談によると、岩崎氏は私のレポートを連載しようと編集局にかけあってくれたが実現しなかったらしい。私は知人を訪ね歩いて推薦人を探し、翌年受験することができた）。

3

遠洋航海は最初の三ヵ月を汽船、後の六ヵ月を帆船で行う。汽船「進徳丸《しんとく》」での実習はこれまでの延長で特段の珍しさはなかった。銀河丸より一回り小さく少し古い船。最初は国内を巡航して船に馴れることから始める。救命艇を降ろしての避難訓練、火災を想定しての消火訓練。いざという時に体が動くようにするためである。海という自然を相手にする者にとって不変の基本だ。国内巡航が終わると遠洋航海。進徳丸は冬の日本を出て南下した。頬に当たる風が一日一日、温かくなっていった。

起きる。食べる。四時間の当直。課業（船内各所のペンキ塗りなど）。夜の当直。寝る。

カンカン、カンカン、カンカン、カン。

点鐘が聞こえる。七つ鳴れば当直三〇分前。作業服に着替える。船は飛行機に比べると物理的には遅い。飛行機が一時間で飛ぶ距離を船は一日以上かけて移動する。しかし、遅さを感じることはない。生活空間そのものが動いているからだ。時間がゆっくりと流れている。

シンガポール港外まで十二日。時間調整のために一泊して、翌朝接舷した。中国人がせわしなく動き、マレー人はのんびりとして見える。インド人の大男たち。国際色豊かな苦力《クーリー》たちをかき分けるようにして同級生と二人でシンガポール港湾局のゲートをくぐった。外出は白の制服と決められている。

「マスター、マスター」

自分の車に乗れというタクシードライバー。執拗に食い下がり一〇〇メートルほどついて来る。ゴマの蠅のような連中を無視して歩いた。

「君たちはある意味で日本代表だからな」

上陸に際して一等航海士《チョッサー》の注意が耳朶《じだ》に残っている。

シンガポールの人口は二三〇万人（当時）、淡路島を一回り大きくしたぐらいの大きさだ。ゴミ一つない清潔な市街地。走っているのはドイツ車と日本車、わずかにアメリカ車。チャイナタウンを歩き土産物を眺めるが珍しいものはない。広告看板も日本企業のものが目立つ。私は〝天使《エンジェラ》〟のことを思い出していた。

「おい、日本食の店に行こうぜ」

ニューブリッジロード×××番地。

栄山丸のキムに何度もせっつかれたせいか「さくらのや」の住所を覚えていた。タクシーは水色と黒がある。水色が安心だとガイドブックに書いてあった。ドライバーに告げると案外に近かった。ニューブリッジロードはシンガポールを東西に貫く幹線。中央に水路がある大通りの両側に店が並んでいる。

冷えたビールを飲み、〝日式料理〟を食べるうち客がカラオケを歌い始めた。

「津軽海峡・冬景色」を歌ったなあ。事務長《パーサー》はどうしているだろうか。同級生の顔には、シンガポールまで来て素人のカラオケかよと書いてある。私たちは早々に引き上げた。勘定を払うとき女主人にエンジェラはどうしているかと聞いた。私がなぜ娘のことを知っているのか分からない女主人は怪訝《けげん》そうな顔をして、「大学に通っている」と言う。留学したいと言っていたが地元の大学に進学したのか。

翌日の午後、当直からの呼び出しがあった。

「井口実習生、お客さん。舷門まで」

「お」客さん？

丸窓《スカッツル》から岸壁を見ると見覚えのあるステーションワゴンが停まっている。エンジェラだった。日本の練習船が来ていることが新聞に載ったらしい。「さくらのや」に来た男は白い制服を着ていて母に自分のことを尋ねた。あの時の船乗りに違いないと思ったのだと。その日は半舷上陸で私は外出できない。一時間足らず船内を案内し、小さくなっていくステーションワゴンを見送った。

4

次の寄港地はオーストラリアのダーウィン。夜空を見上げると十字星が目に飛び込む。だがこれはニセ十字。南極を指し示す本物の南十字星はこれより少し小振りである。大宇宙のどこかに銀河系が漂い、太陽という星があって地球が回っている。我々はその地球から星を眺めて本物だの偽物だのという。勝手なことである。

ジャワ海を航行中のある日没時、私はウイング（船橋《ブリッジ》から左右に突き出た部分）にいた。まさに太陽が水平線に沈もうとするそのとき、辺りが緑一色に変わった。青い海も、進徳丸の白い船体もすべてが緑色。数秒間のグリーンフラッシュ（緑の閃光）。長い間船に乗っても滅多に見ない現象でこれを見た者は幸福になるとされている。

南半球は真夏。気温が四〇度にもなったこと。粗末な身なりのアボリジニーの母子を見たこと。分厚いＴボーンステーキを食べきれずに残したこと。ダーウィンでの思い出はその程度である。記憶の在りようは人それぞれだろう。私の場合は生身の人々との関わりがないと、ほとんど何も残らない。

東京に戻った進徳丸は定期検査でドック入りした。水門を閉めて海水を抜くと水面下の船体が露わになった。ドックの底に降りていく。進徳丸の大きいこと。鉄の壁がそそり立っているようだ。舷側、船底に牡蠣《かき》類が付着している。水の抵抗が増えて船脚《ふなあし》を妨げる。高圧の水を噴射して殻を落とし、赤黒い防錆《ぼうせい》塗料を塗り直す。塗料には有毒物質が含まれていて牡蠣類の付着を抑制する。環境保護の観点から今日では有毒塗料の使用は制限されている。

　船が動いていないというだけで船内生活は航海中と変わらない。八点鐘が鳴り、起きて、食って、寝る。その間に課業。ドックは商船大学に近い所にあった。航海中と違うのは夜の飲み屋通いだ。ショーセン御用達の店があり一等航海士《チョッサー》と鉢合わせした。

「練習船での成績一番、二番は二人ともベトナム人の留学生だ。しかも断トツ。大きく水を開けられている。このままでいいのか、君たち少し頑張らないか」

　赤提灯《ちょうちん》に行っても厳しい教官だった。

　一位と二位はグエン・バン・グエン君とファン・ディン・コア・ロン君。サイゴン陥落は一九七五年四月三十日。私たちの入学は同年四月一日。二人とも国家存亡の崖っぷちのときに来日したことになる。折り紙付きの名家の出身者だ。その後、南ベトナムという祖国を失い、必死に勉強したのだろう。私のような極楽トンボとは訳が違う。日本語も上手だった。いざというときのため太腿《ふともも》にダイヤモンドを埋め込んでいるとグエン君から聞いたことがある。この話、どこかで聞いた覚えがある。ブトゥアンで一夜を共にしたベトナム娘――。娼婦の寝物語と高《たか》をくくっていたが本当のことだったのかもしれない。

5

私は帆船「海王《かいおう》丸」に転じた。今は二代目海王丸が就航しているが、私が乗ったのは初代である。

六月十三日、東京・晴海《はるみ》埠頭での出港式。もやいを解いた海王丸はタグボートに曳《ひ》かれてゆっくりと岸壁を離れていく。往復一〇〇日余のハワイ航路。

太平洋に出た海王丸は翌日、野島崎沖で機関停止。帆走を始めた。

「総帆《そうはん》かけ方、実習生、甲板員、上へ！」

バウスプリット（船首に突き出した棒）。四本のマスト。前から順にフォアマスト、メインマスト、ミズンマスト、ジガーマスト。横帆《おうはん》と三角帆《さんかくほ》、合わせて二九枚の帆を展《は》る。肝要なことは一枚の帆、あるいは一本のマストが最も風を受ける状態ではなく、すべての帆が協調して風を受けていること。部分の最善は全体の最善ではない。船長は全体を見る。各マストには士官が配置され、船長からの指令はマイクを使わず、必ず大声で伝令する。例えば士官から、

「スタンバイ　セット　アッパーゲルンスル！」

の号令がかかれば、私たちは、

「スタンバイ　セット　アッパーゲルンスル　サー！」

と答えて配置につく。

帆を展り、帆げた《ヤード》の角度を調整する。右を緩めて左を引けば《ホールタイ》帆げたは左に向く。士官はヤードを見ながらベストの位置で笛を吹く。引き込んだ左側を固定《ビレイ》し、右側の弛み《テイクイン》を取《スラッグ》る。一連の作業はすべてロープを引き、あるいは緩めて行う。一チーム二〇人。デッキの上は綱引き大会だ。

海王丸のロープは大小合わせて二二八六本。総延長は十八キロメートルを超える。それぞれに名前が付いている。名札はない。そのロープがどこにあるのか。暗闇でもその場所に行き、指示されたロープを操作できなければならない。図面だけで覚えられるものではない。日々の訓練のなかで体が覚えていくのだ。

舳先《へさき》の三角帆から展り始め、各マストの横帆へ。順々に展帆《てんぱん》が進み、風を受けた船体がだんだんと傾いていく。大きくてもヨットと同じことである。

「ああ、走っている、走っている」

二二四五トンの巨体がゆっくり水面を滑っていた。ハンドログを流して四・五ノット（時速約八キロメートル）を確認した。初めての帆走。素晴らしい快走だ。

海王丸は太平洋を北上した。大圏《たいけん》航法である。ハワイに向けて真っ直ぐ東に進むより、北に回り込んだ方が距離が短い。だが、北上し過ぎるのもよくない。アリューシャン列島辺りは「低気圧の墓場」と言われる暴風域だからだ。ハワイまでの距離も短く、帆走によい風が吹く海域を狙う。天気図を睨みながら針路を決めていく。

「何にも船長、言うこと機関長」

船乗りたちの戯言《ざれごと》だが、帆船に乗ってみると船長の存在の大きさが分かる。大航海時代の船長は警察権も裁判権も持っていた。事件を起こした船員を逮捕監禁し、判決を下すことができた。死者がでると死因を突き止め、報告書を作り、水葬した。

船乗り同士が喧嘩になったら深刻だった。

「月夜の晩だけじゃないぞ」

夜中に海に放り込むぞと脅しているのだ。誰かの姿が見当たらないとしても、「デッキに靴がそろえてあった」「最近、悩んでいた」のような証言が集まれば、自殺と判断され処理されたのである。

朝、八時すぎ。六分儀《ろくぶんぎ》を構えて太陽の高さを測る。

ピピ、ピピ、ピピー、ピ。

士官の笛に合わせて左手に持った六分儀をわずかに揺らし、太陽の下弦が水平線に接したその角度を読み取る。その数値を元に天測暦のデータと天測計算表（米村表）を使って計算する。米村表は一九二〇（大正九）年、米村末喜《すえき》海軍中佐によって編纂《へんさん》された。推定位置から球面三角形を解くのだが、対数に置き換えることによって足し算と引き算になる。とはいえ、いくつもの五桁の数字を表から引き写すだけで頭が痛い。

正午にも太陽の高度を測る。朝の天測と正午の天測を合わせて初めて船の位置を決めることができる。日没時、星が瞬きだす。同時に水平線も見えるから星の高さを測ることができる。士官の笛がなる。数分おきに三個ないし四個の星を測る。一つの星の角度から一本の線を割り出す。士官がやると数本の線がピタリと交わって船の位置が決まる。

「おい、お前さんのは手の平が入るじゃないか」

私が二時間以上もかけて計算した線を海図に落とすと巨大な「誤差三角形」ができてしまう。この繰り返し。自分の適性のなさに腹が立つ。それでもだんだんと馴れ、ハワイからの帰路には誤差三角形が小さくなっていった。

6

海王丸の清水《せいすい》（真水）タンクは満載で四七〇トン。このうち、船の重心を安定させるためのバラスト水（二五〇トン）を除くと、使うことができるのはわずかに二二〇トンである。

入浴は火曜日と金曜日。湯船は泳げるほど広いが、そこには海水が張ってある。船の揺れにやや遅れて水が揺れる。これがなかなか馴れない。塩水でも泡が立つ石鹸がある。問題は上がり湯だ。清水は一人洗面器一杯と決められている。タオルを清水に浸し、硬く絞って体を拭く。また清水に戻し、硬く絞って拭く。これを繰り返して、どうにかべたべたしなくなる。海水風呂は体がポカポカ温まる。

洗濯日は週に一回。デッキに大きな桶を並べる。最初の桶に汚れ物を浸す。デッキが洗濯板だ。硬く絞って次の桶でゆすぐ。また絞り、次の桶の水に浸す。これを四回繰り返したら洗濯ラインに干す。一〇〇人以上が一緒に洗濯。ヒラヒラと風にたなびくわがパンツ。太平洋の洗濯は爽快である。

針路の南側に低気圧が接近して東風に変わった。現代のヨットならば風上に切り上がっていくことも可能だが海王丸はそうはいかない。西（日本側）に押し戻されぬよう、半日南に走り、半日北に走る。一日経ってみたら前日とほぼ同じ位置にいたこともあった。濃霧（ガス）に出会えば数百メートル先も見えない。

ボー、ボー、ボー。

フォグホイッスルを鳴らしながらの手探り航海である。

数日間の晴天のあと気圧が下がっていった。シケられそうだ。前日夕、上から三枚の帆を畳んで警戒態勢である。風が強くなった。ヒール（船の傾き）が大きくなって歩きにくい。時折、雨もたたきつける。傾斜計が振り切れている。どこかで折り畳み椅子が倒れる音がした。食堂からはプラスチックの食器が落ちる音。滑る食器を押さえながらの食事は骨が折れる。

点鐘が七つ鳴った。当直だ。ボンク（ベッド）から出て作業服に着替える。丸窓から白い波頭《なみがしら》が見えている。

ヒューヒューヒュー。

後部甲板に上がると不気味な風の音がする。ライフラインが張られている。ハッチの蓋《ふた》は厳重に閉められ、移動物はすべて固定されている。速度は十一ノット（時速約二〇キロメートル）。ヒールは十六度。そこにローリングが加わる。ライフラインを伝いながら、船の揺れに合わせてよろよろと歩いて気圧計を見に行った。九九〇ミリバールに迫っている。

私たちは重いゴムカッパにＳＷ《サウウエスター》という雨天用のツバ広帽をかぶっている。ゴワゴワして気持ち悪い。

「ワッセ、ワッセ、ワッセ」

ヤード（帆げた）を固定しているロープの弛みを取る。荒天の中の綱引きだ。背中に雨水がしみ込んでくる。普段は二人で回す舵輪《だりん》を四人で回す。風下に落とされてはならない。汽船ではあれほど船酔いした私が酔わなかった。風を受ける帆がバッファーとなってゆっくりと揺れるのだが、そのリズムが私には合っていたのかもしれない。海が泡だって白い。風が痛い。

六月三〇日、日付変更線を通過して初めて西経に入った。いつ越えるか。通過時刻を予想するトトカルチョには全員が参加した。賞品は缶ビールとおつまみその他。船の速さは風任せだから、船長にも分からない。このとき誰が優勝したのか思いだせない。

日付変更線通過を記念した運動会が催された。狭いデッキを走り回るわけにはいかないからそれぞれ工夫した競技だ。輪投げ。椰子の実リレーは股、膝の間、両脇、両手、顎などに七個の椰子の実を抱えて蟹の横ばいのごとくモゾモゾと歩く。ストローによる缶ビール早飲み。空き缶にヒモを付けて太平洋の水くみレースなどなど。抱腹絶倒の運動会である。

七月十一日、ランドフォール（陸地初認）。毎日、自分たちの位置を計算し、海図に落としている。そろそろ見えるだろうとわかっている。水平線の向こうに見えた豆粒のような島影が、目指すハワイだ。

憶を記す③

何十日も陸地が見えない航海。そこで最も求められるのは自分の位置を知ることである。バイキングはカラスを飛ばしたという。カラスは船の上空をしばらく回ってどこかに飛び去っていく。その方向に陸があるので後を追う。陸が遠いとカラスは戻って来てマストに止まる。カラスに頼らずに自分のいる場所を知ることができないものか。

方位。中国大陸では三世紀ごろに指南車が使われた。磁石が北を差す性質を利用し、戦場で常に南を差す道具である。磁石を水に浮かぶようにしたものが羅針盤。西洋には十三世紀ごろに伝わり、航海技術を飛躍的に向上させた。

速度。木片を投げて目印にし、船首から船尾までを通過する時間を測った。船の走行距離を「ログ（木片）」というのはその名残だ。航海日誌は「ログブック」。

毎回、木片を投げるのはもったいない。木片に紐《ひも》を着けた。これを「ハンドログ」という。こちらは時間を一定にし、木片が紐（ログライン）を引っ張った長さを測る。ログラインには一定の間隔で結び目を作って目印としたので船の速さの単位は「ノット（結び目）」だ。

緯度。ホメロスの叙事詩「オデュセイア」に星を測って舟を進める話がある。人々は大昔から天体観測をしていた。北半球ならば太陽は南に見え、南半球ならば北の空に見える。北極星はいつでも真北を指しているから、その高さ（仰角）を測れば緯度が分かる。

問題は経度だ。十八世紀まで経度を測ることができなかった。目的地の緯度に達するまで北か南に走り、次に西か東に走ったのである。バーソロミュー・ディアスが喜望峰を発見したときも経度は分からなかった。彼らは猛烈な嵐に遭遇して十日間漂流した。嵐が収まってみるとアフリカ大陸が西に見えたので、ああ、自分たちは大陸の南端を回ったのだと判断したという。

経度を知るには正確な時刻が不可欠だ。しかし、船は触れるので振り子時計が使えない。高精度の置時計が必要だった。

一七一四年、英国議会は船舶で使える置時計を作った者に賞金二万ポンドを出すという「経度法」を制定した。一七三五年、ある大工が考案したのが後にクロノメーター（クロノスは時間の神）と呼ばれるようになるゼンマイ式置時計。木箱に入っていて船が揺れても時計本体は揺れない構造。温度変化によるゼンマイの伸び縮みも吸収することができ、年間誤差わずか三〇秒。イギリス海軍に採用され、キャプテンクックが使ったことで有名である。それは「右に四回、左に四回」など決められた通りにねじを巻かねばならない。これを怠ってクビになった航海士がいたという。

余談だが、イギリス海軍の規律は残酷だった。重大な服務違反をした者はバウスプリットにロープで吊るされ、一切れのパンとビールとナイフが与えられる。パンが尽きて餓死するか、あるいは万に一つの助かる可能性にかけて自らロープを切って海に飛び込むか——。

やがて哀しきハワイ航路

1

　七月十三日。海王丸《かいおう》はカウアイ島の港、ポートアレンに接岸した。一ヵ月ぶりの陸地だ。埠頭での歓迎行事に整列しているとふわふわした気分である。船上は常に揺れている。体が馴れてしまっていてコンクリートに立つと逆におかしくなるのだ。「オカゆれ」という。それは段々とひどくなり、右に左に、身体が一定周期で揺れ始めた。地元の市長さん、日系人会代表の挨拶。ポリネシンアンダンスが披露されるころには私は生あくびをこらえていた。

　オカゆれを吹き飛ばしたのは女性たちの歓迎。民族衣装をまとった二〇人ほどの娘さんたちが赤、白、黄色の花で作ったレイを私たち一人一人の首にかけ、頬にキスをくれた。ハワイ式の挨拶に私の左頬は熱くなった。紺碧の空。空気が乾いていた。

　同級生がカウアイ島日系人会会長の家に行くので一緒に来ないかという。断る理由がない。日系人が多いハナペペの街まで車で十分ほど。迎えに来た冴子さんはハワイ大学の学生でホノルル暮らしだが、大学は夏休み。海王丸歓迎行事のために戻ってきたのだそうだ。

「ミスター・イノクチ、あなたの首にレイをかけたのは私よ。忘れたの？」

　冴子さんの父はグァバという果実のジュース工場を経営する、日系移民屈指の成功者。彼女の家に着き、父のタテイシ氏に挨拶。ジュース工場を見せてもらった。州都ホノルルをはじめハワイ各地で販売している。日本にも販路を広げたいとタテイシ氏はいう。

タテイシ家は冴子さんの曾祖父の代に移民した。祖父までは日本語を読み書きしたが、三世であるタテイシ氏は片言の挨拶ができる程度。冴子さんになると全く日本語を話すことができない。

「私の祖父は文机《ふづくえ》に端座し、毛筆でこれを書きました」

〈朕《ちん》惟《おも》フニ我カ皇祖皇宗國ヲ肇《はじ》ムルコト宏遠ニ徳ヲ樹《た》ツルコト深厚ナリ……〉

教育勅語であった。

「イノクチサン、あなたは読むことができるの？」

「朕惟うに我が皇祖皇宗国を肇むること広遠に徳を樹つること深厚なり……御名御璽《ぎょめいぎょじ》」

最後まで読んで私はほっとした。明治天皇が示された日本国の教育の基本方針が書いてあると説明した。

今度はタテイシ氏が語り始めた。

キャプテンクックがハワイを発見したのは一七七八年である。以来、宣教師、商人、捕鯨船の乗組員らが訪れるようになった。白人たちがハワイに持ち込んだものは、はしか、結核、コレラ、ハンセン病、そして梅毒。免疫のない人々はバタバタと倒れていった。ポリネシアの人々には土地を所有するという概念がなかった。土地はすべて神様のものである。他方、人間に食料を与えてくれる椰子の木、バナナの木には厳格な所有があった。西洋人たちは契約によって土地を買い、武装して囲い込む。最終的にはハワイ全島の七五パーセントが白人の所有になってしまった――。

「契約なんて理解できなかったと思いますよ」

自分の椰子の実を取りに行って殺された者。バナナを食べに行って撃たれた者。白人とのトラブルが絶えなかった。このような状況を嘆き、西洋人と渡り合うためにハワイ全島を統一したのがカメハメハ大王である。一八一〇年であった。その後も人口は減り続け、三〇万あった人口が一八七二年には六万人以下に減ってしまった。ハワイは深刻な人手不足に陥った。西洋人たちが換金作物として持ち込んだサトウキビ。その農園で働く労働力がなかった。

「西洋人たちは自分では働かない。サトウキビを輸出して儲けるだけだった。私たち日系人は明治天皇の命令でこの地に移民したのです」

「明治天皇の命令ですか？」

カメハメハ大王の孫で第七代国王カラカウア王は一八八一（明治十四）年日本に渡り、明治天皇に接見して窮状を訴えた。移民の派遣、ハワイの王女と日本皇族の縁組、日本とハワイとの合邦、日本ハワイ間の海底ケーブル設置などを申し入れた。このうち実現したのが移民だった。一八八六年、日本ハワイ移民条約が結ばれた。

「私の祖父は広島県の出身、農家の三男です。サトウキビ農園での重労働に耐え、わずかな賃金を貯めて子供の教育に充てた。父は高校を出ています。私も大学を卒業した。日系人が成功したのは教育に熱心だったからです」

冴子さんが抹茶をたてて運んできた。深緑の液体が私の胃袋に静かに落ちていった。タテイシ氏の話が続いた。

ハワイの日系人社会にも大きな変化がある。メーンランド（アメリカ本土）に出ていく若者が増えた。特に娘たちは〝ヤンキー〟と結婚して戻ってこないことが多い。補充という訳ではないが、日本からハワイに来て日系人男性と結婚する日本人女性が増えている。タテイシ家は娘四人。上二人は結婚してロサンジェルス近郊に住んでいる。冴子さんもやがて出ていくだろう。五番目の末っ子が男の子で高校生である。タテイシ氏は日本から嫁を迎えて家業を継続したいと考えている——。

私は明治時代の日本を知らないが明治の残影がここにあるような気がした。

2

ハナペペ本願寺で盆踊り大会があるというのでついていった。本堂は鉄筋二階建て。周りが広場になっている。紅白の幕を巡らせた櫓《やぐら》に「キリンビール」と書いた提灯《ちょうちん》が並び、露店も出ていた。無風で蒸し暑い。やがて陽が暮れた。

♪月が出た出た　月がァ出たヨイヨイ

スピーカーから流れる炭鉱節。耳に馴染んだ三波春夫の歌声である。制服姿の私たちも見よう見まねで手足を動かした。揃いの浴衣を着て真ん中で踊る婦人会の面々。リーダー格の女性が私たちに振付を教えてくれた。

「掘って、掘って、また掘って。担いで、担いで、後ずさり」

日本語ならばそのように言うのだが、英語でどう説明しているのかわからない。

夜になっても熱気が滞留して蒸せ返る。人々は汗をしたたらせキリンビールの団扇《うちわ》が揺れた。みんな踊っている。

タテイシ家で見た教育勅語。盆踊り。日本よりも日本的な光景ではないか。お爺ちゃん、お婆ちゃん。おじさん、おばさん、青年たち、娘たち。どれも見慣れた顔だ。なのに、英語しか聞こえてこない。なんとも不思議だ。
踊る。踊る。英語が聞こえる。また踊る。
そのようにしてハナペペの夜は更けていった。あすは出港である。

3

海王丸はホノルルに一週間停泊し、七月二六日、日本に向けて出港した。西へ、西へ。この辺りの海は一年を通して帆走によい風が吹く。この風は地球の自転によって吹いている。貿易風だ。

海の貴婦人・海王丸。セールの角度を調整して洋上で停止している（文・山口良次／写真・浅水嘉治夫『帆船』より）

　船内には月刊の文芸誌『海王』があった。文芸部員が手書きの原稿を集め、コピー機を使って印刷、配布していた。通信長は毎月寄稿しておられたが、最終となる八月号ではポリネシア文化のあれこれ、太平洋戦争中にアメリカ西海岸の日系移民が強制収容所に送られたことが綴られていた。そんな歴史があったことを知らなかった。同じ日系移民のハワイはどうだったのか。私は通信長を訪ねた。
「初めてハワイに行ったのは一九三七（昭和十

二〇年。私は帆船大成《たいせい》丸の見習い通信士だった。首から花輪をかけて頬にキスをして、日系人による歓迎が熱烈だったな。ホノルルの街はハイカラで日本より進歩的。花屋の娘でもクリーニング屋のお嬢さんでも大学に行くらしい。男女同権で自分の道を進むのだとか、そんな話を聞いていた。ところが、世の中は単純ではなかった」

「何か事件でもあったんでしょうか？」

「現地の邦字新聞を見たら『祖国日本の時局非常』といった見出しが躍っていたなあ。ちょうど日中戦争がはじまった時だから」

「盧溝橋《ろこうきょう》事件がこのころでしょう？」

「大成丸のホノルル到着が八月。盧溝橋事件はひと月前の七月だった。やがて日系アメリカ人は敵性市民とみなされるようになった。スパイじゃないかってな。アメリカ政府は強制収容所に送る前段として、極秘でカリフォルニア州、ハワイ準洲に住む日系人の思想調査をやっていたらしい。こんな時、アメリカ人って大騒ぎする気がするね。怖がりなんだろうね」

「日本はどうでしたか？」

「ホノルルから帰ったのは十月。やっと着いたのにすぐには上陸できなかった。東京高等商船から駐在武官が来て、君らはアロハムードが横溢《おういつ》しているであろう。現下の国内の雰囲気とはかけ離れており、このまま上陸した場合危険な事態が発生する恐れがある。各人、言動に十分注意するように、だったか。そんなことを大真面目に言うので可笑《おか》しかったよ」

「確かに……」

「カリフォルニアの日系アメリカ人を強制収容所に送る大統領令にルーズベルト大統領がサインした

のが真珠湾攻撃から二ヵ月後の一九四二年二月。十二万人を強制収容所に送ったんだ。ほとんど着の身着のままの状態。カリフォルニアに日本軍が上陸してくるに違いないと思い込んでいたらしい。人種差別と集団ヒステリーだと思う。ハワイにも十数万の日系移民がいた。アメリカの市民権を持つ人も多かった。ただ、彼らを収容所に送ったら社会が持たないと判断したのかもしれない。食料生産にも支障をきたすからな。そこで全員にアメリカ合衆国への忠誠を誓わせた」

「全員ですか？」

「子供にも宣誓書を書かせたと聞いた。忠誠を示すために米軍に志願してヨーロッパ戦線に送られた人もたくさんいたんだ」

　知らないことばかり。冴子さんの祖父が書いた教育勅語の黒々とした墨痕が思いだされた。

4

　平均速度七ノット（時速約十三キロメートル）。海王丸は快走を続けた。デッキの上ではいつもの綱引き大会。太陽や星の高さを測り、週に二日の海水風呂。週に一度の洗濯。私たちは「日常」に戻っていった。

「スコール接近」

　船内マイクを聞いてデッキに上がると黒雲が見えた。レーダーにもはっきりと映っている。

「三〇分で追いつくだろう」

　と当直が言う。士官も実習生もない。手空きの者は頭からシャンプーをかけ、からだ中泡だらけにして雨を待つ。ヤッホー。叩きつけるような雨だった。こんなに爽快なことがあるだろうか。

クジラの母子が近づいてきた。海王丸を仲間と勘違いしているのかもしれない。高々と潮を噴き上げて悠々と泳ぐ。大きな尾びれで海を叩き、ゆっくりと遠ざかっていった。偉大な生き物である。マンボーとも出会った。マンボーは深海魚だがときどき水面に横たわるようにじっとしている。昼寝しているように見える。大きいものは畳一枚ほど、体重一〇〇キロにもなるという。帆船はプロペラを回さないのでトローリングができる。烏賊に似せた擬餌《ぎじ》針を船尾から流すとマグロが釣れた。釣れ始めると止まらない。司厨《しちゅう》部の面々が、食べきれないほどの刺身をつくってくれた。

アホウドリも私たちの友達だ。往路もどこからともなく現れてハワイの近くまで着いてきた。復路でも私たちをエスコートしてくれた。どこまでも船について来るからだろうか、海で死んだ船乗りの化身だとされる。翼を広げると二メートルを超える大きな鳥だ。デッキに上がると水かきのついた足でヨチヨチ歩く。まるで船酔いしたような姿だ。

太平洋の友人たちとの日々がいつまでも続くような気がした。あるいは続いてほしいという願望だったのかもしれない。私たちが東京に戻ったのは八月二四日であった。

第二章　特ダネ狂騒曲

南国・鹿児島へ

1

私の新聞記者生活は鹿児島から始まった。一ヵ月間の新人研修を終えた一九八〇（昭和五五）年五月、西日本新聞本社から鹿児島に向かう新聞輸送トラックに身の回りの物を積んでの出発だった。

記者生活を語る前に前年秋の入社試験。論文のテーマは「一九八〇年代」だった。これから始まる一九八〇年代を君たちはどう考えるかという問いかけに、忍び寄る拝金主義の恐怖を書いた。学校でも、町内でも、企業社会でも。地方自治体、そして政府に政治家。ありとあらゆる局面に拝金主義者が幅を利かせて社会を危うくするのではないか。いまこそ新聞は拝金主義と戦わねばならない。

気持ちは前傾しているのだが、具体的にどうすべきなのかとなると分からなかった。

＊

新聞輸送のトラックが鹿児島県に入るとラジオからＭＢＣ（南日本放送）が流れ始めた。どんな番組だったか記憶がないが短いＣＭは今も忘れない。

「お父さ〜ん、ウチん電柱が倒れちょるよ。

　そんたァ脇田電設に電話せんばねー」

「お父さ〜ん、桜島を買《こ》うちくれんな

「桜島を買うちなー」

中年男性の声は独特の抑揚。初めて聞く鹿児島弁。私は異文化の地に来たのだ。

2

サツ回りたちの溜まり場である県警記者クラブには全国紙、地元紙、ＮＨＫ、民放、通信社合わせて十二社が加盟し、二十数人の記者が出入りしている。事件があれば勢いよく現場に飛び出すが普段はだらだらと時間を潰す。「パッチン」は花札のこと。麻雀卓を囲む者もいる。サツ回りは「待ち」の仕事だが、新人記者たちは県警本部各課を回る。情報を貰うには頻繁に足を運んで相手に顔を覚えてもらわねばならない。

「西日本新聞のイノクチです」

「ほぉ」

鹿児島県警本部警備課Ｋ係長。

「イノクチ？　ノはなかとね」

「井口と書いてイノクチです。イグチと呼ばれても返事はしますが」

「大学は？」

「東京商船大学です」

「珍しか大学やっでやねー。指定校じゃなかろう」

「ウチは社内に推薦人があれば受験できたのです」

「イノクチさんな、優と良は数えるほどじゃったろう。賢そうな顔には見えんっちゃが」

「可と不可ばかりでした」

「ドイツ文学の祖ちゅう訳じゃな。ははは」

部屋を出てからK係長との会話を反芻《はんすう》した。「可」と「不可」でカフカ。ドイツ文学の祖。頭の回転が速い人である。相手は公安警察。私の成績も先刻ご承知ということかもしれない。

広報課長を訪ねた。最もお世話になる人だ。

「だいたい一回りしたな？」

「ええ。秘書課は美人ぞろいですね」

何気ない言葉だった。

「醤油顔とソース顔がおったろが、オマンサー、どっちが好みな？」

「どちらかといえば醤油顔かなあ」

「分かった、オマンサーが良ければオイが見合いさすっど」

驚いたとはこのことである。鹿児島の男たちは大学に進学したまま故郷に戻ってこない。地元には良家の子女たちが溢れているというのだ。これからは会話一つにも気をつけねばならない。

3

一週間ほどしたとき市内で火事があった。飛び出そうとする私を南日本新聞のキャップN氏が呼び止めた。

「現場に行くんか」

「はい」

いかつい風貌のＮ氏。私は内心〝鬼瓦〟と呼んでいた。彼の手下《てか》の五人はいつもピリピリしている。

「俺《おい》の分も撮って来《き》っくいや」

麻雀を中断してカメラを渡された。

一緒に麻雀をしていた各社の先輩からも声が掛かった。

「アップとロングを撮れよ」

「高い所を探せ」

「風上から撮れよ。煙で見えんからな」

再び〝鬼瓦〟。

「何しよっか。早《は》よう行かんか」

現場は市内の住宅地。すでに消防車の姿はなかった。天ぷら鍋の過熱で壁の一部を焦がしただけだった。戻ってみると先輩たちは何事もなかったように麻雀卓を囲んでいる。現場に行くほどの火事ではないことを先刻ご承知だったのだ。鬼瓦の顔が笑みを湛えている。カメラを持たせたのは実地の新人研修のようなものだった。

4

市内には三ヵ所の警察署がある。裁判所、検察庁、第十管区海上保安本部も私の担当である。無線カーを運転しながら市内の地理を覚えていった。ありふれた日産ブルーバード。出力十ワットの無線機が積まれているので無線カーと呼んだ。左肩に西日本新聞社の小旗（社旗）を靡《なび》かせているのが誇らしい。

「西日本鹿児島、西日本鹿児島。こちら西日本鹿児島1、どうぞ」

「西日本鹿児島1、こちら西日本鹿児島。イノクチ君、何ね？」

鹿児島総局デスクの甲高い声が応答する。

「市内三署、異常ありません」

彼のあだ名は〝ツツガムシ〟。家庭面にツツガムシ病の解説記事が掲載されたが、そのイラストが彼にそっくりだったからだ。昼は持参弁当。夜は店屋物《てんやもの》の出前。出勤から退社まで一歩も外に出ない。

福岡市内では廃止された路面電車が道路の真ん中を走っている。路面電車に馴れるのに時間がかかった。軌道を横切るとき相手が動くのか止まるのかわからずとまどった。そんなときに限って無線に呼ばれた。

「イノクチ君。釣り情報ねー。野間池とは何かね。えー、池でイシダイが釣れるはずがないじゃないか。コイかフナの間違いだろう。読者をバカにしたらいかんよ。どうぞ」

『西スポ』（西日本スポーツ）に掲載する釣り情報も新人記者の仕事の一つ。前夜、提出していた原稿をいまツツガムシが見ているのだ。定められたコールサインも発せず、いきなり「イノクチ君」である。

「ちぇっ……」

南薩の野間池は、磯釣りの一大名所。それは池の名前ではない。そんなことも知らずに何年デスクをやっているんだ。本社機報部（無線の管理部門）はもちろん、どこで誰が聞いているか分からない電波に乗せるとは……。私は応答しなかった。「ビル陰に入っていたので聞こえませんでした」とでも言ってシラを切ればよい。ところが翌朝届いた『西スポ』のレジャー面。鹿児島発の釣り情報は「野間池でコイ」となっていた。まさか勝手に書き直すとは。『西スポ』は約三三万部。少なく見積もっても数万人の釣りファンに大恥をかいてしまった。

「済みません。間違えました」

串木野《くしきの》市の釣り具店に電話を入れた。受話器の向こうで店主が笑っている。

「いいが、いいが。うちの屋号と電話番号をタダで入れてもらってヨ。お陰様でこのごろ福岡方面からのお客さんが増えたワ」

「はあ……」

「忙しかろうが釣りに来《き》やんせ。一から教《おし》ゆっで」

実は私が釣りをしたことがないことを、すでに店主はお見通しだった。

5

午後三時過ぎ、広報課員が記者クラブに駆け込んできた。

「一報です。加世田《かせだ》署管内で水難事故。小学校一年生と思料《しりょう》される男児がため池で溺れ、救助されて病院に搬送されました。生死は不明です」

サツ回りたちが一斉に立ち上がった。私は総局に立ち寄り、ゼンリン地図を受け取って無線カーのアクセルを踏んだ。鹿児島市街地を抜けて山道に入ったところで無線が入った。

「現場は加世田市××町×××番地付近です」

ため池、ため池。それらしい池があったが誰一人いない。近所の人に尋ねても知らない。こうなったら番地もクソもあるものか。とにかくため池だ。地図を見ながら私は無線カーを走らせた。次のため池も同じこと。付近住民はきょとんとした顔である。無線連絡。

「現場の住所が違っていました。現場は金峰《きんぽう》町大字××、×××番地付近です」

そういえば県警の第一報は加世田署管内であって加世田市とは言っていない。現場にたどり着いた時には夕闇が迫っていた。警察関係者も引き上げ取材記者もいない。完全に出遅れた。無線機からTキャップの声がした。

「イノクチ君、どうね？」

「誰もいません」

「そうか。子供の名前は×××君。どうも亡くなったみたいだな」

亡くなったとなれば雁首《がんくび》（顔写真）が是非ものである。

「住所はわかりますか？」

「加世田市のようだがはっきりしない。搬送先の病院に回ってくれんか。住所は……」

病院にたどり着いたら待合室に顔見知りの記者がいた。全国紙の二人。いずれも新人である。

「亡くなった？」

「そうみたい……」

住所を聞く訳にはいかない。聞いても教えない。顔写真取材は早い者勝ち、ヒントを教えれば先を越される可能性がある。

加世田署には七、八人の記者がいた。テレビのクルーも来てザワザワし、人の動きが激しかった。私は初対面の副署長に名刺を出して質問をぶつけた。

「西日本さん、そこに大体のことを書いちょっが、見てから質問せんね」

報道連絡簿を手に取る。質問をしようと思ったら副署長は電話に出ていた。他社からの取材のようだ。長い。警務課の電話を借りて総局のダイヤルを回した。出たのはツツガムシ。

「本記（いつ、どこで、誰がという事実の概要を記す原稿）はもういい、T君とN君が電話を入れて作った。ところで、ため池には柵があったか」

「いいえ……」

「君は、池の管理が不十分だったというサイド（本記を補足する別視点の記事）を書け」

「この辺りにどれだけのため池があると思っているんですか？　その全部に柵をしろとでも？」

電話が切れた。私はかけ直さなかった。

　翌朝。地元紙の南日本新聞、鹿児島新報には亡くなった子供の顔写真が載っていた。全国紙には顔写真がない。ウチにもない。似たり寄ったりの本記。「危険なため池を放置」という見出しの、見てきたようなサイド記事がウチだけに掲載されていた。ツツガムシのやつ、点数を稼いだつもりだろう。

「君の正義感なんて安っぽいもんさ」

「子供たちから水遊びの楽しみを奪うつもりですか。こんな記事が量産されたら、日本中の池や川は防護柵で囲まれた立ち入り禁止区域だらけになってしまう」

「まあ、そう怒るな。理屈はどうあれ、こういう場合、行政を批判していればいいんだ。個人や企業と違って文句を言ってこないからね」

「文句が来ない⁉　言っておきますが、あのため池は行政の持ち物じゃありません。水利権者たちの共同所有です」

　私はツツガムシとの溝を深めていった。

6

私のアパートは城山の西郷隆盛像に隣接するビルの三階。でっぷりと太り窮屈そうに軍服を着た西郷さんが窓外に見える。観光客は下から見上げるが私は横顔を見ていた。西郷さんの人気は圧倒的だ。観光客だけではない。地元でも「西郷《せご》どん、西郷どん」である。「大久保どん」と言った人を私は知らない。

西南戦争。不満士族の総大将に祭り上げられた西郷さんが鹿児島を出陣したのは一八七七（明治十）年二月十五日である。二二日には熊本城の攻防戦が始まっている。官軍への兵站《へいたん》基地となった博多からは様々な人と物資が熊本へ、熊本へと向かった。血気にはやり薩軍に合流する者、福岡城下でもひと騒動起こそうとする者。騒然とした雰囲気だったろう。西日本新聞の前身『筑紫新聞』が産声を上げたのはこの年の三月二四日。黎明期の新聞は戦争の申し子である。

『筑紫新聞』は政治論争には立ち入らず、ひたすら戦況を伝えた。それでも細々《こまごま》としたことまでお上の検閲、指導を受けている。大久保利通率いる官軍はこのときから「情報戦」を仕掛けていたのである。

＊

第十管区海上保安本部に行くと私は水を得た魚だった。海上保安大学校出身の職員が増えたとはいえ、部長以上になると清水高等商船、神戸、東京商船大学の先輩たちが残っていた。水路部、警救部に顔を出す。オペレーションルームに入っても誰も見とがめない。いつものように次長室に入った。I次長は土佐の〝いごっそう〟。曲がったことが嫌いな厳しい人だが、この日に限っては相好《そうこう》を崩している。

「チワーっす」

「よおー、元気かァ」

「何か良いことでもありましたか？」

「いやー、これこれ」

前日送ってきたという十数枚の写真。

「初孫よ。初孫。イノクチ君。今日は何を言われても腹が立たんよ」

「そうと分かったら、お祝いさせてください」

私は串木野の釣り具店に電話した。事情を話して鯛が釣れていないか聞いた。ちょっと待ってと店主は言い、沖にいる複数の釣り船に無線で呼びかけた。

「あんた運がいいが。お客さんじゃなくて船長が自分で釣った鯛がおったど。取りに行けるか？」

串木野港で待っていると釣り船が帰ってきた。

「六キロぐらいあるじゃろ」

「トランクに積んでいきゃーいいが、無線機が邪魔やね」

ビニールシートを用意してもらい、どうにか収まった。

「ついでにこれも持っていけ」

その鯛より一回り大きいカッポレ（平アジ）だ。黒光りする魚体が美しい。鹿児島に戻りながら十管幹部職員社宅の台所ではどう転んでも捌《さば》けないことに気が付いた。Ｉ次長に電話した。

「今日は何言われても腹を立てないんですよね？」

Ｉ次長はしばらく考えているようだった。

「鹿児島港に巡視船○○が入港している。そっちに持っていってくれ。料理してくれるように頼んでおくから」

その夜は十管本部のT本部長、I次長以下の幹部、巡視船の船長、司厨《しちゅう》長、乗組員たち。併せて十人ほどの宴会となった。

7

鹿児島総局長のあだ名は〝出羽守《でわのかみ》〟。パリ特派員から鹿児島に赴任した人物で「パリでは」「パリでは」を連発する。その日もある全国紙の支局長との長電話。

「いやー、パリ和平協定のときは睡眠三時間。僕も頑張ったもんさ。君のような地回りとはねえ、ちょっと訳がちがうんだぜ。毎朝、地下鉄駅に走ってルモンドの早版《はやばん》を買ってさあ。苦労したが、ベトナム戦争後の世界体制を決める会議だからねえ。寝ている気にはなれなかったさ」

パリ和平会議を取材できたのは新聞記者として晴れがましい。できれば私もそのような現場に立ち会ってみたい。とはいえ、毎日毎日自慢されては食傷気味だ。ルモンドの早版を買って支局に走り、翻訳し、日本語に書き換えて原稿を送っただけのことだろう。お気楽な仕事じゃないか。

そんな私を出羽守は可愛がってくれた。鹿児島総局は二階が事務所、一階が総局長社宅だったが、出羽守はしばしば私を呼び奥さまの手料理をご馳走してくれた。

「君は船に強い。その専門知識を生かして特ダネを取ってみろ」

「専門知識といわれても、その方面の学校を出たというだけで」

「新聞記者の中では海事知識は君が一番だ。特ダネを取れ。そして、私を社会部長に押し上げてくれよ、頼むぞ」

よく言えば磊落《らいらく》。出世欲を隠さない無邪気な人である。

ドドーン。ズドーン。

総局長社宅の窓が揺れた。

「何ですか？」

「君は初めてか。桜島の噴火だ」

四階の屋上に昇ってカメラを構えた。目を凝らせば薄墨を引いたような空に黒い噴煙が見える。私はストロボを焚いて二〇枚ほどシャッターを切り、暗室に駆け込んだ。まだ締め切りに間に合う。だが、ストロボの光が桜島に届くはずはなく、落ちてくる火山灰に光が当たっただけ。写っていたのは雪でも降っているような光景だった。

8

カナナアンパッド号の火災は忘れがたい事件である。県警記者室に入った一報はこうだった。

パナマ船籍の貨物船が洋上で火災を起こしたが鎮火状態。積み荷は大量の古タイヤなど雑貨約二万トン。前夜からのシケでタイヤが擦れ、熱によって火災を起こしたとみられる。間もなく谷山港に緊急避難する——。

どれほど揺れたかしらないがタイヤから火が出るものだろうか。いぶかりながら港に向かった。現場では数台の消防車が放水し、海上からもタグボートが水を掛けている。とにかく冷やさねばならない。しばらくして船長と鹿児島市消防局の記者会見が始まった。

酸素の供給を絶つため船倉に通じるハッチを厳重に閉め、通気口を遮断している。数日で鎮火するだろう。鹿児島の皆様にご迷惑をかけて申し訳ない——。

窒息消火は船舶火災の際の基本である。居住区は普通に生活できる状態だから船長が言うように数日で消えるかもしれない。私はデッキを歩いた。真っ黒に日焼けしたフィリピン人船員と目があった。小柄で五〇歳ぐらいに見える。言葉は通じない。そのヘルメットには「ボートスエイン（水夫長）」と英語で書かれている。私はすぼめた右手を彼の眼前に差し出し、開いてみせた。

「ボーン？」

水夫長は怪訝《けげん》そうな顔だ。

「ボン、ボン？」

意味が通じたらしい。

「ノーノー。ボン、ボン、ボン！」

彼はすぼめた右手を三回開き、前方の船倉を指さした。

原稿を送り終わった〝ツツガムシ〟に本社の社会部から問い合わせが入った。

『爆発は三回、前部船倉』。四段見出しで行く。共同通信は古タイヤの摩擦と書いているが大丈夫だろうな？」

「間違いありません。うちのは東京商船大だから大丈夫です。四段見出しですか。大きな扱いありがとうございます」

相変わらずこの男とは反りが合わない。

消防局からファクスが入った。午後十時すぎに鎮火した。明日、船倉を開けて現場検証する。念のために消防車から放水して完全に消火するとある。

関係者が見守るなか船倉の蓋《ふた》が開けられた。しばらくくすぶったかと思うと火勢は一気に強くなり、手が付けられない状態に陥った。カナナアンパッド号はそれから紅蓮《ぐれん》の炎を上げて三五日間、燃え続けた。どうしてあと数日、船倉の蓋を開けるのを待てなかったのか。鹿児島市消防局は窒息消火の重要性など百も承知だ。しかし、「火事は水をかけて消す」という彼らの常識が仇《あだ》となったのだろう。

9

目が覚めると新聞に目を通す。アパートに来るのは朝日、毎日、読売の全国紙三紙、地元紙の南日本、鹿児島新報、そして西日本。一面、社会面、第二社会面を斜めに見る。じっくり読んでいる時間はない。

「あたたたた」

南日本新聞に抜かれている。

社会面トップに黒々とした見出し。前年夏、鹿児島市でがけ崩れがあり大きな被害を出した。事故の原因は××霊園の違法開発。鹿児島南署と県警生活保安課の合同捜査本部は本日、墓地埋葬法違反容疑で書類送検する。

南日本のスクープである。霊園事務所に走った。入り口を閉ざして応答がない。テレビカメラは建物を撮影している。事故現場に回ったが、どこでがけ崩れが起きたのか判然としない。

鹿児島南署に行くと十時から県警本部で記者会見だという。被害を受けた関係者、近所の人。調べなければならないことは山ほどあるが手が回らない。取り敢えず記者会見を聞くしかない。

記者クラブにはテレビ各社のカメラが陣取っていた。普段は姿を見せない時事通信社の記者も詰めかけている。手書きの報道資料が配られ、生活保安課長が被疑事実を読み上げる。幹事社は読売新聞社。一年先輩のY記者が被疑者の字体確認から始めた。霊園を経営している法人とその代表者である。

記者たちの質問に生活保安課長が答える。

「大規模な土地開発には様々な法令、規則、条例の定めがあるが××霊園は県の指導に従わず安全対策が不十分だった」

「そんなに不備があったのに県はなぜ開発許可を下ろしたのですか」

当然の質問だ。政治家のコネが濃厚に疑われる。課長は答えない。

私は原稿を書き始めた。夕刊早版の締め切りが気になった。夕刊は早版、中《なか》版、最終版と切り替わる。ニュースを追って紙面の内容が変わるのだ。記者会見はまだ続いている。南日本新聞の〝鬼瓦〟が会見場に現れた。後輩たちと言葉を交わして一番遠い席に座った。悠然としている。

総局から〝坊や〟（アルバイトの青年をそう呼んでいた）が原稿を取りにきた。しばらく待ってもらい、三〇枚ほどの原稿用紙をクリップして渡した。すーっと力が抜けた。ひどく力んでいたようだ。鉛筆の粉で私の右手は真っ黒だった。

10

県警本部の玄関で退勤する警備課のK係長と鉢合わせた。

「鹿児島には馴れたな」

「はぁ……それなりに」

ついて来いと目で合図する。

しばらく歩くと仏壇屋がある。そのとなりに鰻の寝床のような飲み屋があって女将が一人でやっているから隅の椅子で飲んでいろ。となりの席を空けておけ。三〇分ほどして合流する――。

職業柄、用心深い。

「〝南〟（南日本新聞）にやられっ放しやな」

「はぁ。ゼロ勝十三敗。もう負けを数えるのは止《や》めました」

「南日本のキャップは凄腕チ評判じゃ。鍛えてもらえばいいが。はははは」

鹿児島は焼酎の本場。係長はぬるいお湯割り。私はロックアイスを浮かべた。世間話で終わるのかと思っていたらそうではなかった。

生活保安課長のＨ氏は捜査一課長間違いなしと言われながら、部下の不祥事でなれなかった人物。大きな事件を挙げて捜査一課長Ａ氏の鼻を明かしてやろうと考えているはずだ。生活保安課は経済事件を担当する。捜査一課は刑事事件。県警内部の序列は捜査一課長がはるかに上である。二人は同期だ。

「それが霊園の事件でしょう」

「小さい、小さい。世間を揺るがすような事件を狙っているだろう。そうそう一課といえば、この間の現金輸送車襲撃事件なあ。いい筋が浮かんだらしかど。せいぜい気張りやんせ」

××銀行の駐車場で現金輸送車を襲撃して七〇〇万円余を奪った事件は、警察庁指定15号事件に登録されていた。鹿児島県警としては何としても検挙しなければならない。警備課のＫ係長は、その犯人につながる線が浮かんだというのだ。本当ならばトップシークレット。今度こそ〝鬼瓦〟の鼻を明かせるかも知れない。

誰がこの情報をＫ係長にもたらしたか。彼の教訓は、組織を回るときは人間関係を押さえろということだった。Ｋ係長と同時に警部補に昇進したＢ係長という人物が捜査一課にいた。二人は九州管区警察学校（福岡市）で同じ釜の飯を食っている。間もなく警部、そして警視へと昇進するだろう。私は捜査一課のB係長宅に張り込んだ。彼は午後十一時ごろミニバイクで帰宅した。

「あんた誰な」

門前で追い返された。次の晩も追い返されたが、この人物に賭けるしかない。高邁《こうまい》な思想もへったくれもあるものか。一度でいいから〝鬼瓦〟を慌てさせたい。三日目、やっと名刺を受け取ってくれた。

「現金輸送車の事件？　何《な》んも進展がないっちゃが。いい話があったらこっちが聞きたい」

11

鹿児島市に名山堀《めいざんぼり》と呼ばれる一帯がある。戦後のバラックから始まった飲み屋街。わが総局はその一角に建っていて、私は毎晩のように名山堀で夕飯を掻きこんでいた。その日は共同通信のO支局長、M記者とハチ合わせた。M記者は私より一年先輩。同じアパートの住人でもある。O支局長は「共同にその人あり」とうたわれた名物事件記者。さては特ダネを取れと油を搾られているのだろうと思っていると違った。

「芝浜ですか？　そりゃー三代目志《し》ん朝《ちょう》にてとどめ差すってもんでしょう」

「おお、意見が合うじゃねーか」

落語談義であった。M記者が私を紹介した。

「何だァ、西日本の新人ってか？」

「一度は特ダネを取りたいと思っています。よろしくお願いします」

「新聞記者にとって刑事ってのは三種類しかいないんだ。喋らない奴、喋る奴、そして喋ってしまう奴だ。喋らない奴は絶対に喋らないから意味がない。喋る奴は誰にでも喋るからもっと意味がない。つい、ポロッと喋ってしまう奴。これがお得意さんだ」

「なるほど」

「やい、デブ。断っておくが、お前さんには特ダネは取れねーよ。頭が悪い、屁が臭い、態度がデカいって、三拍子そろってやがる」

「はぁ……」

「お前さんの顔には『特ダネをください』と書いてある。そんなケチな根性で特ダネが取れるものか。特ダネを取るということは、相手に捜査上の秘密を漏らさせることなんだ。簡単じゃない。特ダネが取れないことすべてに理由があり、それは全部、君自身に問題がある。他人のせいじゃない」

　黙って聞くしかない。

「あのなあ、デブよ。新聞記者はみな仲間なんだ。特ダネ、特ダネといきり立つな。世の中、ケチな特ダネばかり追いかけているじゃねーか。足を止めて考えてみろ」

　翌日の日曜日、私は久々に休んだ。繁華街のジャズ喫茶でコルトレーンに浸ると澱《おり》のようにたまった何かが溶けていった。まだ陽が高い。Ｂ係長は今日も仕事をしているのだろうか。私はタクシーを呼んだ。十分に離れた所で車を下りて歩いた。

「おや、イノクチ君、何《な》いごっけ（どうした）？」

　声をかけたのはＢ係長だった。意外にも彼は庭の草むしりをしていた。

「まあ、上がらんな」

事件のことは一切口にしないぞと念じながら靴を抜いた。

「ヨー、焼酎持ってこい、焼酎」

Ｂ係長には意外な趣味があった。薩摩狂句だ。コテコテの鹿児島弁を駆使して人情噺《ばなし》を綴るのだが、南日本新聞に入選した切り抜きを見せてくれた。

「これ、どういう意味ですか」

「それなあ、取り調べをして調書を作るっちゃが、難しい漢字は被疑者に教えてもらったという意味ヨ。ははは。実話、実話」

二階から中学生の息子さんが降りて来た。名門高校を目指すという。

「親父の苦労を見て育ったからなあ。こら、挨拶せんか」

息子さんは中学三年生。来春受験だという。

「この問題が分からん」

数学だった。どうにか解くことができた。私はたて続けに五題ほど解いた。

「イノクチさんよ、英語はどうね」

「さあ、完全に錆《さ》びついてますから……」

「こら、問題集を持って来んか！」

12

その後、私は外でＢ係長の帰りを待つのではなく奥さんと時間を決め、息子さんの数学、英語のコーチをしながら、夕食まで頂いてＢ係長の帰りを待つようになった。Ｂ係長は何気ない言葉の中に捜査のヒントをしのばせてくれるようになった。そのころから確実に捜査が進展していたのだった。

事件が煮詰まりつつあることを皆が感じ始めていた。捜査の中心にいるB係長の家に夜討ちをかける者が増えてきた。ミニバイクで帰宅するB係長にあれこれと発せられる質問を私は黙って聞いた。

その日はB係長の帰宅がいつもより早かった。額に引っかき傷があった。

憶を記す④

共同通信社で屈指の特ダネ記者だった鹿児島支局長のO氏は忘れ難い人物だ。

「何と言うべきかなあ、イノクチ君」

君はいろいろ物知りのようだが、喋りすぎる。人間が軽い。特ダネを取るということは、相手は何がしかの捜査上の秘密を漏らすことになる。相手は自分が漏らした秘密を君が守れないと感じる。君のようでは喋る訳がない——。

「自分ってもののありよう、そこんとこをさ、しっかり見極めねーとな。ただ、くよくよするな。その性格で得していることも、長い人生にはあるだろうよ」

人を叱るにはエネルギーが必要だ。できることなら見ぬふりして済ませたい。相手は他社の新人である。私は支局長の「新聞記者はみな仲間だから」という言葉に、深い愛を感じた。

それから私は相手に「教えてくれ」と聞くことをやめた。「こう聞き込んだが正しいか」と質問はしても、教えろとは言わない。それでも相手は、こちらが何の目的で夜討ちをかけてきているかわかっている。教えてくれないのなら、それは自分のどこかに問題がある。そのときは諦めるしかない。当時、私が気にしていた〝ツツガムシ〟の小言など、思えば取るに足らない些事《さじ》である。

「どうしたんですか？　その傷」

「いやー、ミヤマキリシマを見にいったときに枝が当たってなあ」

いかにも変だ。だが、何も分からない。二日後、加治木《かじき》通信部からの短い原稿を見て私は小躍《こおど》りした。ミヤマキリシマ盗掘容疑で国分《こくぶ》警察署が四人を逮捕したというのだ。報道資料をＦＡＸで送ってもらった。だが、まだ点と線がつながらない。先輩のＨ記者とも相談したが分からない。私は直《す》ぐにでも国分警察署に当たりたい気持ちで一杯になった。Ｈ先輩は止《や》めろという。

「二つの事件に何かつながりがあるのは間違いないが、事件を潰す訳にはいかない。万が一にも捜査妨害になったらどうする。犯人逮捕が先、特ダネはその後だ」

加治木通信部を訪ね支局長に事情を説明した。

「それとなく当たってみよう」

また二日、じりじりと過ごした。支局長の情報はこうだった。盗掘事件はすべて捜査一課特捜班がやっている。国分署の人間にも事情を説明しない。ウチは取調室を貸しているだけだ。Ｈ先輩の推理はこうだった。

盗掘犯四人の中に別の犯罪Ｂをやった者がいる。犯罪Ｂは、賭博とか管理売春みたいなもので複数の人間が絡んでいる。その中に現金輸送車襲撃犯がいる。直接に強盗容疑で逮捕するには物的証拠が乏しい。であれば犯罪Ｂを固めて彼を逮捕し、自供に基づいて強盗事件を解決する――。

「〝本ボシ〟に気づかれないよう、わざと遠い国分署で調べている。そういうことですか？」

「そうかもしれないし、違うかもしれない。いずれにしろ、盗掘ぐらいでは長く拘留することはできない。勝負は近いな」

13

県警本部の廊下でＢ係長と出会った。捜査一課帳とともに刑事部長室から出たところだった。ネクタイにスーツ姿。髪も七三に分けている。何か重大な報告のためではないか。すれ違いざま、ちょっと照れたような顔だった。

「谷山ん散髪屋は腕がいいがね」

電流が走った。散髪屋が犯人だ。Ｈ先輩は鹿児島市の出身。「母ちゃんに聞いてみよう」という。彼の母上は谷山で長年、中学校の教員を務めた人である。

「散髪屋ちね。ああそりゃ、あんワロ（悪いやつ）に違いなかが！」

＊

その朝、Ｗ容疑者の自宅に入る捜査員を見届け、私は裏口に回った。細い通路になっていて数十メートル先で表通りにつながっている。Ｗ容疑者を連れ出すとしたら裏口からだろうと踏んだ。読みは当たった。Ｗ容疑者の背中が見える。その後ろに二人の捜査員。その瞬間、

「逃げたーァ！」

ＮＨＫ記者の大声がしてカメラが捜査員の背中を追った。

総局に戻って夕刊原稿を送った。私の写真は両腕を捜査員に抱きかかえられ、うなだれているＷ容疑者。通路ではカメラが前にいてシャッターを切ることができなかった。原稿を送り終えたのとほぼ同時に正午のＮＨＫニュースが始まった。

「逃げた」の声、走る捜査員、追うカメラ。画面が右に左に揺れ捜査員の肩越しにちらちらとＷ容疑

者の背中が見える。これ以上ない迫力だ。

「逃げたのではないと言うなら、何があったのか説明しなさい」

〃ツツガムシ〃の声がする。私は説明できなかった。

Ｂ係長の後日談。Ｗ容疑者の家に入るときテレビのカメラが見えた。

「おい、観念せんか。テレビも来とるぞ。武士の情けじゃ。オマンサーを晒《さら》しものにするつもりはなかが」。

Ｗ容疑者は「分かりました」と答えた。捜査員、Ｗ容疑者、捜査員二人の順で裏口を出た。彼らは単に「テレビカメラから逃げた」だけなのだ。ＮＨＫは容疑者宅を二チームで張っていたのかも知れない。彼らに作為はなかった。目の前で起こったことを伝えただけである。一人の人間が見ることができるのは限られた世界なのだ。

世紀の当て逃げ事件

1

書籍、レコードの売り上げベスト10、ギャラリー案内。お祭り、お出かけガイドなど、鹿児島版には毎週のお知らせコーナーがあった。鹿児島市内は私が集める。年が明けて一九八一（昭和五六）年。いつものようにレコード店に電話を入れると担当女性の声が上ずっていた。

「暗殺されたジョン・レノンの追悼盤が今日午後発売ですが、大勢の人が店の周囲を取り巻いています。取材に来られませんか？」

レコード屋さんは鹿児島市の中心部に店を構えている。一〇〇人を超す人が発売を待っていた。長蛇の列の写真を撮り、何人かに感想を聞いて記事にした。翌朝、アパートで新聞を見ると私の記事が鹿児島県版のトップに座っている。

「何じゃこれ!?」

大きな横見出しが「ジョン・ハレン」となっているではないか。本文中にも「ジョン・ハレン」が五回。「ジョン・レノン」が一回。私は言葉を失った。街を歩くのが恥ずかしい。通りを行く人々がみな自分を見ているような気がした。総局の階段を上がる足取りが重かった。ちょうど本社から電話が入った。どうしてこんなことになったのだ、と。

「パンチャーのミスです。気が付かずに済みません」
〝ツツガムシ〟はいつもの甲高い声。

それが、事件の始まりだった。原稿は手書き。デスクが点検修正し、パンチャーが和文タイプのような機械で打ち、本社に送る。その際にミスしたのだとツツガムシはいう。パンチャーは四人。全員が女性で交替勤務している。パンチミスなどしていないと憤った彼女たちは労働組合に訴えた。数日後には〝オルグ〟が来た。組合員を一人一人、密かに呼び出して事情聴取。

新聞を見るまで分からなかった、デスクからは何の問い合わせもなかったと私。ツツガムシが赤インクで「ジョン・ハレン」と書き直した証拠の原稿をパンチャーが秘かに抜き取り、オルグが持ち帰った。数ヵ月前に一人のパンチャーが退職して新人と入れ替わっていた。彼女に対して「労働組合に入るな」とツツガムシが〝忠告〟したことも判明した。不当労働行為の典型である。ロックアウトを経験し、武闘派を以て任ずる西日本新聞労組である。もう後には引かなかった。団体交渉が開かれ会社が非を認めた。総局長の〝出羽守《でわのかみ》〟は管理責任を問われて左遷された。頼りにしていたH先輩も飛ばされた。肝心のツツガムシはのうのうと仕事を続けている。

こんな理不尽があってよいものか。外部の不正ならばキャンペーンも張るが、内部のことはどうにもできなかった。私はこの男と口を利くのを止《や》めた。何か言われると拡声器を肩から提げて「デスク！それは業務命令ですか？」と返した。皆、笑いをこらえていた。四人のパンチャーはツツガムシに見えぬように小さく拳を突き上げ「ガンバロー」のポーズだった。

2

新しい総局長。あだ名は〝ミゼット〟。小柄で身動きの軽い人物で筑豊や大牟田で炭鉱事故を取材した多くの経験を持っていた。

「事故現場にはどうやって入ったんですか?」

「もちろん立ち入り禁止。顔に墨を塗ってキャップライト。カンテラ提げて炭車《トロッコ》に紛れ込むのよ」

「迫力のある原稿が書けたでしょうね」

「そう先走りしなさんな。原稿は頭で書いちゃいかん。炭鉱の中は地熱で熱い。濛々《もうもう》として蒸せ返る。炭塵《たんじん》を吸い込む。馴れないから息も絶え絶えでなあ。真っ黒になって上がってきて、見たこと聞いたことをそのまま書くだけよ」

特ダネ、特ダネとケチな根性を捨てろ。共同通信O支局長の言葉が浮かんだ。

数日後、H先輩の後任のS記者歓迎を兼ねて総局の記者四人で飲みに行くことになった。夜勤が終わったのは午前零時半。シャッターを下ろして天文館《てんもんかん》に繰り出そうとしたその時、私は嫌な予感がした。ヒューヒューと電線を揺らす音がして、生暖かい風がねっとりと襟元に纏《まと》わりついたのだ。

「止《や》めときます」

「珍しかね。イノクチ君が酒を断るとはね」

総局に戻り、鹿屋《かのや》支局、加治木通信部、指宿《いぶすき》通信部、念のため名瀬《なぜ》通信部にも電話した。

「今夜は船が遭難しそうな気がするんです。警戒してください。よろしくお願いします」

ウトウトするうちに夜が明けた。鹿児島海上保安部に問い合わせたが異常なし。午前九時。早出のパンチャー、そして〝ツツガムシ〟も出勤してきた。

「思い過ごしだったか」

しばらくして鹿屋支局から連絡が入った。

「垂水《たるみず》漁協の漁船四隻と連絡が取れない。今から漁協に行く」

三〇分ほどして加治木通信部からも連絡。漁船七隻と連絡が取れない。指宿通信部からも喜入《きいれ》の漁船が行方不明。鹿児島海上保安部からも漁船遭難の一報が入った。

早朝から漁に出た船が次々と遭難し、合計十六隻が一時消息を絶った。転覆したのは六隻だったが幸いにして人的被害はなく、大きなニュースにはならなかった。

「どうして船が遭難しそうだと思ったのか」

とミゼット総局長。

「錦江《きんこう》湾は南に向かって口を開けています。そこに強い南風が吹き込むと異様な高波が立つ可能性があるのです」

「それは必要な知識だ。しかし、どうして遭難しそうだと思ったんだ？」

「うまく説明できないんですが、嫌な風だなあと感じたので」

「そうか、商船大で鍛えた勘だなあ。大事にしとけ」

3

新人記者Y君が着任した。もう一年経ったのか。二年目は少し落ち着いて鹿児島の風土、人情に目を向けよう。窓を開けると草木の気配がし、西郷《せご》どんの横顔を見ながら夜が明けた。

ピー、ピー、ピー、ピー。

無機質な機械音は配備されて間もないポケットベル。総局に電話を入れるとミゼット総局長が出た。

「十管（第十管区海上保安本部）から連絡が入った。東シナ海で貨物船が沈み十数人が救助されたが二人が行方不明らしい。十管に行ってくれ」

身支度を整え、無線カーのアクセルを踏んだ。第十管区海上保安本部には既に五、六人の記者たちが集まっていた。配られたメモには「船籍・愛媛県北条市、船名・日昇丸（二三五〇トン）、××船長ら十五人乗り組み。十三人はゴムボートで漂流中を海上自衛隊の護衛艦に救助されたが、××船長ほか一人が行方不明である」などの情報があるだけで事故の状況は書かれていない。現場は東シナ海。ジタバタしても仕方ない。情報をテキパキと整理して原稿にするだけである。

「現場写真の提供はありますか？」

と誰かが言う。

「ちょっと分かりませんが、うちの航空機が向かっています」

「漂流中の二人の名前は？」

「船長と思われますが確認中です。情報がまとまり次第、記者会見します。十時ぐらいになりそうです」

「もうちょっと早くなりませんか⁉」

共同通信は、事件の際には最小限でも判明したことを配信する。「フラッシュ二〇行」という。本格的な記事の予告である。原稿の冒頭数行を書き始める者もいた。頭さえできればあとは通いなれた道。順番に情報を流し込めばいい。テレビカメラも集まって記者会見が始まった。

最初のメモから特段の進展はなかった。夕刊早版《はやばん》用の原稿を〝坊や〟が取りに来る。記者たちに一息ついた気分が広がった。後は追加や修正の情報を流せばいい。誰かの軽口が聞こえた。

「潜水艦だったりして」

「ははは、だったりして！」

と誰かが返した。

私の中で何かがパチンと弾けた。ザワザワしたものが襲いかかって来て、じっとしていられない。会見を終えた広報官はまだそこにいた。

「さっきＳＯＳは途中で切れたと言われましたが、どこまで打ったのですか？」

「北緯のＮまでですが……」

私はそっと記者クラブを抜け出し、庁舎外にある公衆電話で総局にダイヤルした。ミゼット総局長が出てくれた。

「いま早版用の原稿を送りましたが、Ｙ君をこちらにまわしてください。気になることがあるんです」

4

そうだ、この事故には相手がいないではないか。ピンと来たのは理由があった。二三五〇トンの船が沈んだ。では、沈めたのは誰なのか。私は十管本部のオペレーションルームに向かった。ＳＯＳは初めに「メイデイ」「メイデイ」「メイデイ」と注意喚起信号を繰り返し打電する。その後、This is Nissyoumaru This is Nissyoumaru This is Nissyoumaru と船名を連打し、自分の位置を打つ。北緯××度××分、東経×××度××分。そのＳＯＳが北緯の「Ｎ」で切れたという。

何かの異常事態が発生して通信士がＳＯＳを打ち始めたが、すぐに船を放棄して逃げなければならなくなったのだ。日昇丸は極めて差し迫った状況にあった。座礁は考えられない。

オペレーションルームには海図が広げられていた。日昇丸が四時間ごとに会社に連絡した位置を落としていくとほぼ一直線になった。日昇丸はそのまま進んだと考えられる。異変が起きた時刻までの残り三時間半分。その線を伸ばしていくと赤鉛筆で囲った妙な形の図形のど真ん中に入った。Hという文字を斜めに押しつぶしたような海域。その右肩に「Fox Torrot」と書いてある。

「キツネ？　早足？」

海事情報を束ねた分厚いファイルも近くに転がっていた。

「Fox Torrot」。日米合同軍事演習海域。

動悸が速くなった。喉がからからだ。再び公衆電話で総局長を呼び出した。

「何か分かったか⁉」

「相手は潜水艦です。おそらくアメリカ海軍でしょう。それ以外考えられません」

私は理由を列挙した。

日昇丸の沈没海域は日米合同軍事演習海域である。日昇丸の通信士は、無線を打ち始めて間もなく逃げなければならなかった。水深から座礁は考えられない。日昇丸の喫水《きっすい》は七から八メートルある。潜水艦のことはわからないが、潜望鏡深度まで浮上したとすれば衝突してもおかしくない。船員を救助したのは海上自衛隊の護衛艦である。これも偶然ではない——。

「で、こっちはどうすればいい」

「潜水艦の線で原稿を作って社会部に上げてください。私は確認を取ります。記者会見などはY君に任せます」

「了解した。夕刊段階は今のままで行こう。勝負は朝刊だ」

これは当て逃げ事件だ。総局長にはアメリカ海軍と言ってしまったが、海上自衛隊にも潜水艦はある。日本の自衛隊がまさか。そんなことは考えたくなかった。

5

ひと仕事終えた安堵感というほどではないが、午後三時を過ぎると十管本部にもいくらか弛緩した空気が流れた。海上自衛隊の護衛艦に救助された乗組員は巡視船に移乗して串木野港に向かっている。私は次長室に入った。十管本部のI次長はテレビニュースを見ていた。

「原稿を送り終わったので、この前の決着を着けようかと」

「これか？」

I次長は将棋を指す手真似である。脚のついた三寸盤に駒を並べた。

その桂馬、高跳びは歩の餌食だぞ。いえいえ何の、肉を切らせて骨を絶つ。こっちは薩摩示現《じげん》流ですよ。昼休みに三番こなす縁台将棋である。口だけは負けない。四時が迫った。

「イノクチ君、済まないが会議だ。何か聞きたいことがあったんだろう？」

「当て逃げしたのは自衛隊じゃないですよね？」

「君の質問じゃ逃げられないな。アメリカさんだ」

確認は取れた。朝刊は佐賀、長崎、福岡県内に配られる遅版だけで勝負するという。鹿児島などに来る早版で書くと他社に気づかれる恐れがあるからだ。串木野港に行った川内《せんだい》支局長から救助された乗組員の談話がきた。

「何か、黒いものにぶつかったようだった」

東京の防衛庁担当記者、首相官邸担当記者、米海軍佐世保基地担当者などの情報はこちらには分からない。とにかく総力戦だ。ゲラ（校正）がファクスで送られてきた。今ほど性能がよくない。見出しは読めるが本文は潰れている。

「衝突相手は米原潜」「沈没の日昇丸」。「核ミサイル持つポラリス型、米政府が認める」。「視界悪く救助できず」。一面トップの見出しだ。

厳密には西日本新聞の特ダネにはならなかった。記事になることを察知した在日米海軍が深夜に会見して衝突を認めたのだ。ただ、質量ともに他紙を圧倒した。

翌朝。「西日本鹿児島、西日本鹿児島」と呼ぶ無線があった。中日新聞社の航空機からだった。

「西日本鹿児島です。どうぞ」

西日本新聞　昭和56年(1981年)4月11日　土曜日

西日本新聞

衝突相手は米原潜

沈没の日昇丸

核ミサイル持つポラリス型

米政府が認める

『視界悪く救助できず』

串木野港に上陸

日昇丸乗組員2人いぜん不明

原子炉異常なし

在日米海軍発表

きょうの紙面

『なぜ助けてくれぬ！』

山崎被告、犯意を否認

米原潜当て逃げ事件（日昇丸事件）を報じた紙面（1981年4月11 日付朝刊）

「中日本社、写真部の××です。すごい特ダネだったねえ。これから現場海域に向かいます。何か情報があるかも知れない。行方不明者もおられることだし。どうぞ」

「気をつけて行ってください。行方不明者の発見を祈ります」

国会が開会中だった。鹿児島県選出の社会党代議士、川崎寛治《かんじ》氏が東京新聞に転載された記事を掲げて質問に立った。

「視界不良で救助できなかったと言うのか。これは当て逃げではないか」

鈴木善幸《ぜんこう》首相はのらりくらりの答弁を繰り返した。テレビでは軍事専門家諸氏が登場して様々な見解を述べた。潜水艦は軍事機密の塊《かたまり》であって、浮上して救助すればソ連の潜水艦に写真を撮られる、だから救助できなかった——ほかの諸説があった。

二週間ほど経過したときカーター米大統領がホワイトハウスで記者会見を開き、日本国民に謝罪した。船長ら二人の乗組員はついに見つからなかった。

*

五月の連休。ミゼット総局長が韓国《からくに》岳に登りたいから案内しろという。彼は福岡県山岳隊と一緒にヒマラヤに登った健脚だ。案内するもなにも私だって初めてだ。えびの高原から登山口へ。どこをどう登ったのか記憶が飛んでいる。捜査一課のB係長がミヤマキリシマの盗掘事件を調べたのはどの辺りだろうか。素晴らしい青空。山頂から桜島が見えた。

「日昇丸事件の報道に対して社長賞が決まったぞ。金一封《きんいっぷう》が出ればみんなで飲みに行くのだがなあ」

「で、どこが取るのですか？」

「整理部。情報が輻輳《ふくそう》する中で判断を謝らず、一面トップに据えた功績だそうだ」

「そんなもんですかねぇ……」

「悔しいか？」

「いいえ」

「これ飲むか？」

総局長が缶コーヒーを取り出した。口を切ったらまだ生温かい。砂糖がたくさん入ったミルクコーヒー。山上では何者にも勝る逸品だった。

走れイノクチ!

1

「巨大なヒマワリが咲いたというんだ。見てきてくれんか」

支局長はロマンスグレーの髪を七三に分け、五ミリ幅の口髭を横一列に剃りこんでいる。カラオケを歌うとき小指を立てるので〝マイク・イトー〟と呼ばれていた。

手渡されたメモを見ながら車を走らせた。訪ねた先は米屋さんだった。

「カミさんが新聞社に電話しろと言うもんで」

ヒマワリは「××米穀店」の看板に重なるように咲いていた。高さ四・五メートル。幹は大人の手首ほどあって、団扇《うちわ》のような葉が十数枚だらりと下を向いている。私はふらつきながら脚立《きゃたつ》に立った。ヒマワリはまだ高く、黒々と太陽を睨みつけて咲いている。左手で電柱につかまりながら右手を伸ばしてシャッターを切った。下から見上げている見物客が数人。広角レンズで距離感が強調された写真は翌朝の都市圏版（福岡都市圏向けの地方版）の真ん中に大きく配置された。

「なかなかセンスがいいじゃないか」

マイク・イトーが誉めてくれた。根っから写真が好きで大学を中退し、カメラマンになった経歴の持ち主である。

「普通は下から見上げるように撮るもんたい。怖かけんな」

「片手は新聞のため、片手は自分のため」

私はマスト登りで叩き込まれたセリフをもじった。

福岡東支局は福岡市東区と糟屋郡八町（現在は一市七町）を担当する。エリア部数は六万を超えていた。記事の反響は大きかった。巨大なカボチャができた、でかいヒョウタンはどうだ、二股に分かれた股間のような大根を収穫した――。そんな取材依頼に私は一つ一つ応えていった。

ある日、老人が支局を訪ねてきた。香椎宮《かしいぐう》不老水の森でツチノコを見たという。不老水は武内宿禰《たけうちのすくね》も飲んだとされる名水である。案内されて鬱蒼《うっそう》とした森に分け入ったがツチノコは姿を見せなかった。

「太かったとになあァ」

「どのくらいあったですか？」

老人は両手で輪を作ってみせた。「ヰセキ農機」の社名入り野球帽をかぶり、首から福岡市農協のタオル。大げさに笑った前歯が一本欠けている。彼の写真も都市圏版の真ん中に座った。

2

前任者がやりかけて止《や》めた取材があると〝マイク・イトー〟が言う。あるパチンコ店の出店反対運動だった。風俗営業は警察の管轄。福岡東警察署を訪ね副署長に面会した。

「反対運動は数人でやっているが、そのうちの一人の兄弟がパチンコ店を経営している。利害も絡んだ運動だから、関わらない方がいいと思いますがねぇ」

糟屋郡宇美町は糟屋炭田の中心をなした炭鉱町。石炭で賑わったが石油へのエネルギー転換で寂れ、今は福岡市のベッドタウンである。反対運動の中心人物である安河内《やすこうち》武士《たけし》さんは石炭販売からタクシー会社、ガソリンスタンド、レストラン経営へと業態を変えた人。彼のレストランに自治会、子供会の世話人、町議会議員など数人が集まっていた。安河内さんは高級スーツに派手なネクタイ。白黒コンビのエナメル靴。腕には金のブレスレットという出《い》で立ち。スキンヘッドに眼光鋭いぎょろ目。俳優のユル・ブリンナーを彷彿《ほうふつ》させる。前任者の腰が引けた理由はこれだろう。

「パチンコ店には昼間から酒飲んでフラフラしたような連中がうろうろするとばい。小学校の目の前。教室から丸見えたいな。子供のためにならんじゃろう」

「あなたのお兄さんがとなり町でパチンコ店を経営していると聞きましたが？」

「兄貴は兄貴たい。オレとは関係なか」

福岡県風俗営業等規制条例は、パチンコ店の出店条件として病院や学校から一七〇メートルの距離を取らなければならないと定めている。東署副署長は距離的には問題ないと言っていた。

「宇美派出所のお廻りさんが巻き尺で測ったと東署は言いよったろう。実は一七〇メートルないったいな、これが」

安河内さんは事務所に戻り「××一級測量事務所」の印が押された図面を持参した。出店予定地から小学校まで七ポイントの距離を測った図である。どの点も一五〇メートル前後しかなかった。測量費用四〇万円は彼の手出しだという。東署副署長のいう通りの「訳あり反対運動」であれば四〇万円の身銭は切るまい（実際、安河内さんは外見とは違って大変な人情家で、私はその後いろいろと世話になり世間というものを教えていただいた）。

私は記事を書いた。出店は条例違反であること、反対者の意見、母親たちの不安かれこれを綴った。

この記事を皮切りに繰り返し記事を書き、反対運動は盛り上がっていった。各種団体の代表、学識経験者なども集まった。「宇美町パチンコ店反対期成同盟」。住民運動の主体は厳《いか》めしい名前に変わった。福岡県警は動かない。人々は不満を募らせ出店許可取り消しの行政訴訟に発展した。福岡地裁での口頭弁論では県警防犯部長が被告席に座り、社会面で大きな記事となった。

面子《メンツ》を大事にする県警にとっては痛かったであろう。同時に反対運動リーダーたちの苦悩も深まっていった。丸腰の人々が県警に弓を引く。苦しくないはずがない。安河内さんの周辺を聞き込んで回る刑事もいた。

出店許可の際に県警と業者を仲介した県議会議員の周辺を探った私は何かあるはずだと思っていたが探り出すことができず、取材は手詰まりだった。

出店反対町民大会には約四千人が集まった。人口三万人足らずの町での四千人である。ついに江崎淳町長が仲裁に動き出した。炭鉱労働運動で培った老獪《ろうかい》な人物。翌年には町長選挙を控えている。

仲介案は建設地を条例に反しない場所に変更し、小学校から見えないように遮蔽《しゃへい》物を作る。県警は改めて出店を許可。期成同盟は訴訟を取り下げる——という案だった。物事のシロクロをつけずに解決する。いかにも日本的なやり方である。最初の記事を書いてから八ヵ月。私は内心ほっとした。

3

ある女性からの電話を受けたのは私だった。

「玄関の軒下にハチが巣をつくって怖くて外出できない。区役所にも保健所にも警察にも電話したが、たらい回しされた。どうにかならないでしょうか？」

ほとんど涙声だった。場所は福岡市東区の新興住宅地。大きなスズメバチの巣を想像しながらアクセルを踏んだ。瀟洒《しょうしゃ》な住宅が整然と並んでいた。呼び鈴を押すと六〇代と見える女性が現れた。

「軒下にハチが巣をかけたそうですね」

「あれです」

私の頭の上には五〇〇円玉ぐらいの巣。時々ハチが出入りしている。私は拍子抜けし、棒切れで落としてさしあげた。「ちぇ、記事にはならねーなあ」と思いながらその顛末《てんまつ》をコラムにして送った。

ところが、都市圏版デスクの〝ガンさん〟は全く違った視点で私のコラムを受け止めた。

小さなハチの巣一つ落とせなくなった希薄な隣人関係。そこにどんな問題が横たわっているだろうか――。彼は休みを取って再度女性宅を訪ねたという。そのようにして始まったのがシリーズ『住みよさ求めて』。足掛け四年にわたる長期キャンペーンとなった。

マンション内のもめごと。ＰＴＡの役員選び。ゴミ出しのマナー。町内会の清掃作業。子供会のあり方。ラブホテル建設反対運動。日常生活の様々な局面が連載のテーマになった。

私が最初に書いたのは糟屋郡新宮町の離島、相島《あいのしま》の教育問題。人口六〇〇人余り（当時）の相島には小学校と中学校があり、合わせて十六人の教員がいる。かつては全員が島内の官舎に暮らし子供たちや住民と打ち解けあった。島民の多くは漁師である。

「昔はなあ、いい魚が上がった日には刺身にして官舎に持って行ったなあ。先生たちと一緒に飲みよったなあ」

島への赴任を忌避する教師が増えたのは一九七〇年代からという。親の介護で離島に住むことができない。（自分の）子供の教育を考えれば離島暮らしはできないと答えた教師もいたという。

相島へは連絡船で二五分。船も大型化されて欠航も減った。教員確保のために県教委も町当局も船での通勤を認めざるを得なかった。人が住まなくなった官舎は廃屋になった。連絡船の波止場にマイカーを駐車して通勤する教師。ＪＲ新宮駅、西鉄新宮駅から連絡船に乗り継いで通う教師もいた。ついに町は両駅から波止場までのタクシー代まで支払うようになった。乗り遅れたら次の便は一時間半後。授業が成立しなくなるからだ。年間のタクシー代は二五〇万円に上った。

　タクシー代まで払うのは如何なものか。町議会でしばしば議論になったが、島の教育を守るために仕方なかった。福岡県教職員組合の書記長に面会して意見を求めた。彼は目をつぶって絞り出した。

「……お気持ちは分かります。でも、結局は個人の考え方の問題ですから」

　島民の教師を見る目は変わった。住民との一体感は失われ、相島の教育は新宮町の重荷になった。

4

　宇美中学校の正門に父兄が立ち、登校する子供たちに「お早う」と声をかける運動が始まった。私は写真と短い原稿を送った。最後の一行は「声かけが終わると、父兄たちは校舎に消えた」。ポケベルに呼び出されてみるとガンさんの声が厳しかった。

「最後の一行は何だ。授業参観でもないのにどうして父兄が学校に入るんだ。荒れた校内を見張る？なぜそこをもっと掘り下げんのだ。取材はすべてやり直し、明日から連載を始める。走れ、イノクチ！」

　荒れる中学校は全国的な社会問題で、朝の声かけ運動も珍しくなかった。しかし、親たちが学校に入るというのは聞いたことがない。指摘されるまで私は気がつかなかった。

　宇美中学校が実際にどういう状態なのか、ＰＴＡの関係者を回った。町議会議員にも片っ端からあ

憶を記す⑤

〝ガンさん〟こと山本巖《いわお》先輩は元文学青年。群像新人賞候補になったこともある。月一の部会で本社に行く。部会が終わると二人で縄暖簾《なわのれん》をくぐった。

「日本という国が近代をどのように受け入れたか。それがオレのテーマなんだ」

　ガンさんは明治以降の歴史、特に福岡のそれを研究していた。

「散々考えたが答えが見つからない。人々はなぜこんなにも欲望を肥大化させてしまったのか。結局、日本人とは何か。身の回りにいる人々、自分自身。そこから説き起こす以外に道はない」

「遠大なテーマですねえ」

「遠大じゃない。近道だ。ところでお前さん、このごろいい取材ができているじゃないか」

「糟屋郡の各町は福岡市に比べれば人口規模も小さく行政の細分化の程度も低い。取材をしていても一緒に考えてくれる。そんな感じがします」

　たとえば福岡市役所には数百の課がある。その下に係がある。対象人口が大きくなれば仕事を細分化せざるを得ない。困り事を抱えた人物が役所を訪ねてもピンポイントで担当部署に行きつくのは難しい。困り事がパターン化されたものならまだしも、様々な立場の人が絡む問題、未経験の事柄になると解決策はなかなか見いだせない。法律や条例の狭間にあるからだ。お役人はそれが「自分の仕事の範囲でない」ことを説明するとき、見事に立て板に水である。

　だがガンさんは続けてこうも言った。

「お前さんのはプラスの取材だけだ。たまには相手を怒らせてみろ。人間、怒ったらホンネを吐くもんだ」

　新聞は社会の木鐸《ぼくたく》、といった薄っぺらな気取りから自分は抜けていなかった。

たった。証言を書き起こしたメモを喫茶店、公民館などからファクスで本社に送った。教室や廊下をバイクで走り回り、誰もそれを止められないという。聞きしに勝る「荒れぶり」だった。夜十時。支局に戻ると連載のゲラが送られてきた。私が送ったメモをつなぎ合わせて、ガンさんが原稿にまとめたのだ。見出しを確認して連絡を入れる。

「父兄が校内に入ることをなぜ学校側が認めたか。二回目はそれで行くぞ」

「そうなると校長の話が是非ものですね。今日は会えなかったですが」

ＰＴＡ会長はＫさんという。数人のＰＴＡ役員とともに校長と交渉したのは、声かけ運動を始める二週間前だった。学校の敷地内、しかも校舎に入るとなると校長の許可が必要だ。粘り強い交渉の結果、①父兄は廊下を巡回する②教室には立ち入らない③廊下から声をかけない④校内で見聞きしたことを校外でしゃべらないという条件で校長の理解を得たのだった。

関係者を当たるうち、生徒たちが教師に不信感を抱くようになったのは一つの事件がきっかけだったという声を聞いた。福教組のスト集会があり宇美中学校の教員たちの多くが参加した。集会は早く終わったが、そのまま戻ると「職場放棄四時間」というスト指令に違反する。教員たちは学校近くの宇美八幡宮でバレーボールをして時間を潰した。この光景を町民たちが見咎《とが》めた。

「学校が荒れとるとに、先生たちは遊びよる」

ＰＴＡ会長のＫさんは忸怩《じくじ》たる思いだった。彼はかつて労働組合の執行委員としてスト指令を出す側にいたからだ。

私はメモを送り続けた。現場で苦悩する教師の声を拾うために自宅を探り出して訪ねたりもした。ガンさんは私のメモを原稿にしていった。このようにして五回。どうにか終わった。

学校への不信感が父母を動かした

ある中学から

住みよさ求めて

校内巡視を終えて、教師を囲み話し合う宇美中PTAの父母たち

ストをきっかけに宇美中学校（粕屋郡宇美町）の父母たちが、授業中の校舎内巡視に踏み切ったのには、きっかけとなる事件があった。

昨年秋、福教組が始業時から二時間のストを行い、組合大会を開いた時のことだった。教師不在で生徒が騒ぐのではないかと心配したPTA役員は、ストの間、生徒が校外に出ぬよう、校門に立ち番していたのだが、組合大会が早く終わった教師たちは、学校近くの宇美八幡宮でバレーボールをしたあと車を連ねて学校に戻ってきた。が、さらに校門前まで来たあとも、約十五分間、スト終了までの時間待ち。これを見ていた役員たちは「いくらストとはいえ、ひどすぎる」と非難した。最も憤慨したのは久保田昌弘・PTA会長だった。久保田会長には、かつて県職労青年部長を務めた経験がある。組合活動に対する理解は深いつもりだったが、同日の先生たちの行動は許せない、と感じた。

授業中の校内を巡視
教師側に強い抵抗感も

職員会議で激論

「組合員として大会に出るのはいい。しかしその後は一刻も早く学校に帰って、生徒の指導に当たるべきだ。校門に立っていた親たちの目の前で時間つぶしをするとは、教師としての自覚に欠けるのではないか。反省してもらいたい」（同会長）

この事件をきっかけに、PTA役員の間から、校内巡視を要求する声が急速に強まった。当然、教師側には強い抵抗があった。十数回にわたって職員会議が開かれ、激しい議論が繰り返された。「宇美中をなんとか再建しよう」と泣きながら訴える先生もいた

という。その結果「学校側の要請」という形でPTAの校内巡視を始めることに決まった。

稲永久明校長はこう言う。「これまで議論を重ねてきたが、実効は上がっていない。もはや父母の要求を拒むことは出来ない。いままでは校内の実態を隠そうとしてきた。こんごはすべてお見せします。実態を知ってもらうこと

で、解決の道をつかみたい」

五年も実効上がらぬ

久保田PTA会長はこう言う。

「本当はわれわれがここまでやるべきでないことは分かっている。が、学校側はこれまで、学校のことは学校でやる。父母は地域活動をやってくれ、と言い続けた。私もそ

中学校正常化への親たちの取り組みをリポートした紙面（1984年1月10日付朝刊）

連載記事を書く場合、予《あらかじ》め取材した内容を整理し、項目に分けて書いていく。理路整然とした姿である。だがこの連載は結論など持ち合わせずに行き当たりばったりに進んだ。最後はKさんの言葉で締めくくった。

「こうすれば学校が良くなるという見通しがあって校内巡視を始めたのではありません。一人の子供の父親として、中学校を何とかしたいという一念です。町民の方々も中学校の生徒たちを見かけたら、声をかけてやってほしいんです」

宇美中学校は少しずつ落ち着きを取り戻していった。Kさんから連絡があった。卒業式を取材してくれないかという。卒業証書の授与があり「仰げば尊し」の斉唱。在校生が両手でアーチを作り、卒業生が潜っていく。バイクを乗り回していたツッパリたちも、あどけない表情に戻っていた。

私は東支局に二年半勤務した。『住みよさ求めて』の長期連載には単発記事、連載記事を多数書いたが、明確な「結果が出た」のはこの五回シリーズだけだった。父兄たち、校長や教師たち、そして多くの町民が熱意をもって行動した結果である。蛇足だが、後に私がデスクになり最初に指導した新人記者はこの時の宇美中学校の卒業生だった。不思議な縁というしかない。

島原大変

1

北九州支社を経て本社社会部の配属となった私は、二年間のサツ回りの後、憧れの「遊軍《ゆうぐん》記者」となった。「遊軍」とは特定のテーマを定めず個人の感性《アンテナ》でニュースを探す記者という意味である。一九九〇（平成二）年十一月、長崎県の雲仙普賢岳が一九八年振りに噴火したというニュースが飛び込んだ。噴火の規模は小さく島原支局からの原稿は「火口から湯気のような噴煙が上がった」程度のものだった。一九八年前（寛政四年）の噴火は「島原大変」と呼ばれる。死者一万五千人以上という記録があり、日本の火山災害史上最大の被害者を出している。

明けて一九九一年。火山活動はだんだんと活発になった。噴煙は高さを増し、新たな噴火口も出現。沿岸での温水の湧きだしも確認された。地下のマグマが山頂に向かって移動していることを多くの観測データが示した。

五月中旬になると噴火の規模は目立って大きくなり、普賢岳の動向が連日大きく紙面を賑わせた。私は学識者の談話、今後の見通しなどを取材して現地からの原稿をリライトする役回り。学識者各位の予測は詰まるところ「分からない」である。しかし、そこには濃淡があった。

桜島火山の研究を続けてきた鹿児島大学の大庭《おおば》昇名誉教授（地球科学）は「大規模な水蒸気爆発を起

こしたら島原半島全体が吹き飛んでしまう。一刻も早く逃げなさい。住民を避難させなさい」と繰り返し忠告した。過去にそのような規模の噴火があちこちで起きているのだと。

「先生のご懸念は分かりますが、人々には生活がありますから……」

「あんたね、人の命と経済を天秤にかけるのですか。わずか一九八年前に一万五千人が死んでいるんですよ」

島原半島が吹き飛ぶまでの事態には至らなかったが、大庭先生の言葉は私の記憶に刻まれた。

現場は次第に混乱していった。五月二二日夜、気象庁雲仙岳測候所が「溶岩らしきものが流出した」という臨時火山情報を流した。しかし、溶岩は確認されなかった。

二三日、上空を飛んだヘリからの写真で普賢岳の山頂付近に高さ三〇メートルほどの「新山」が確認された。誰もが「島原大変」のときと同じように溶岩が流れ出すものだと思っていたが、今回の噴火は溶岩の粘り気が強く、液状にならず釣鐘《つりがね》を伏せたような形で山頂に貯まったのだ。その釣鐘を「溶岩ドーム」という。それが下から突き上げられて崩落すると粉々に飛び散りながら斜面を下る。これを火砕《かさい》流と言い、内部の温度は一千度、外気に触れた外側でも数百度。斜面を下る速度は時速二〇〇キロと言われる。

大庭先生は一貫して警告を発し続けた。

「火砕流は怖い。インドネシアのメラピ火山では三千人が亡くなっているんですよ」

2

「済まんが、明日から現地に行ってくれんか」

社会部のデスクから声がかかった。写真部、長崎総局、周辺支局、そして社会部。噴火の規模が大きくなるに従って取材体制も拡大し、現地は二〇人ほど。西日本新聞社は島原支局の敷地内にプレハブを建てて機材を持ち込み、前線本部と称していた。その記者たちを交代させる必要があった。

他人の原稿をリライトしているだけでは詰まらない。私は現場に行きたくてウズウズしていた。六月三日朝、着替えとカメラを鞄に詰めて家を出た。現地のデスクに着任の報告をしたのは昼ごろ。

「おお、来たか。取り敢えず現場を見て来いよ」

島原市北上木場《きたかみこば》町。小高い丘があって真正面に溶岩ドームが見える。そこに新聞各社が陣取って三脚を設置し、テレビ局のカメラも並んでいた。後に「定点」と呼ばれるようになる取材ポイントである。火砕流は前日までに一〇〇回を数え、段々と規模が大きくなっていた。

「定点」に着いてしばらくしたときに火砕流があった。暗灰《あんかい》色。重い質感の噴煙を空高く巻き上げながら斜面を下った。カメラの乾いたシャッター音が一斉に響いた。初めて実物を見た私はその迫力に言葉を失った。日本神話に出て来る化け物「ヤマタノオロチ」はこれではないか。

「今のは大したことありませんね。私は引き揚げます」

数日前から詰めているだけあって写真部員は馴れたものである。

「こっちも引き揚げて島原港でも見物するよ。ずっとここにいても仕方ないし」

「定点」を後にするとき旧知のカメラマン、土谷《つちや》忠義さんとすれ違った。

「西日《にしび》さん（業界では西日本新聞をそう呼んだ）、いいのが撮れただろうなあ。こっちも負けられんなあ」

「先輩も先週のヤツ凄かったじゃないですか」

土谷さんは毎日新聞社を定年退職して写真週刊誌の契約カメラマンになっていた。

「頑張ってください。お先に」

私は後輩の写真部員が呼んだタクシーに相乗りして島原港で下りた。

「今日は編集局長が前線本部に来て慰労会をやるそうですよ。遅れずに来てください」

「前線に来たばかりのオレが慰労会でもあるまい。遠慮しとくよ」

「島原大変」では小規模の噴火と地震が頻発して溶岩が山麓に流れ下った。大勢の人が「焼石見物」に繰り出して茶店も出た。金持ちたちは駕籠《かご》を雇い、遊女を侍《はべ》らせて物見遊山《ものみゆさん》を楽しんだという。観測機器など何もない時代である。危険を察する術《すべ》がなかった。大噴火で眉山《まゆやま》が崩壊し、有明海に膨大な土砂が流れこんだ。津波が対岸の熊本を襲い、ここでも五千人が亡くなっている。島原港外には今も大小さまざまの島が点在する。崩壊した眉山の残骸である。

磯の香を嗅ぎながらそんなことを思い描いていると、にわかに空が真っ暗になった。暗雲はたちまち広がり、島原港上空にも到達した。黒い雨が降り、私のジャケットに火山灰混じりの染みを作った。

大火砕流発生は午後四時八分。死者、行方不明者四三人を出した惨事の瞬間だった。

3

翌日、火砕流に巻き込まれて亡くなった人を一人また一人、陸上自衛隊の車両が運んで来た。私は仮安置所となった島原市内の寺院に詰めた。新聞社、テレビ局の社員。報道各社にチャーターされたタクシードライバー。土石流と空き家の警戒にあたっていた消防団員たち。無言の帰還となった亡骸《なきがら》に遺族が取りすがった。病院に担ぎこまれて亡くなった人もいた。パトカーの中で殉職した警察官もいた。

事故から二日目だった。

「あっ、土谷さんに違いない」

遺体が運び込まれるとき私はそのように直感した。なぜそう感じたのか理由は分からない。土谷さんは数々の特ダネ写真をモノした人と聞いていたが、特別に親しかったわけではない。福岡航空記者会の忘年会だったろうか、ご一緒したことがあった。

「西日さんよぉ。事件のとき遠くから望遠レンズで引くようなことをするなよ。広角レンズ付けて一番前に行かにゃ」

土谷さんを始め、古いカメラマンたちから何度か聞かされた言葉だ。その腕に光るロレックスが気になった。

「御《お》巣《す》鷹《たか》山《やま》を取材したとき、ご遺体の身元確認が難航してなあ。こんなのをしていたらすぐ分るだろうと思ってね」

身元確認の決め手になった土谷さんのロレックスは鉛色に変色し「四時八分」で止まっていた。遺体の近くでカメラも発見された。遺体を引き取りに来られた奥さんが、

「最後まで仕事で人生を終えて主人も本望だったでしょう」

と気丈に語った。

危険は予見できたはずだ。なぜあんな場所で取材したのか。マスコミに対する世間の批判は厳しかった。自社の社員だけではない。チャーターしたタクシードライバーなど多くの人々を巻き込んだのだ。被害に遭わなかったのは朝日新聞社と西日本新聞社だったが、危険を予見して取材を自粛していたのではない。少なくとも西日本新聞社は違う。

災害対策基本法は住民の避難について判断を地元自治体に委ねている。どの範囲の住民を避難させ

るか。島原市、となりの深江町にとって最大の課題だった。〝髭の市長〟こと鐘ヶ江管一《かんいち》市長は悩みぬいたはずだ。頼りにしたのは九州大学島原地震火山観測所々長の太田一也教授だった。教授の進言に沿って警戒区域を広めに設定し、約三千人の住民を避難させたのは五月二四日。火砕流の先端が民家から二キロ地点にまで迫り、住民たちはようやく重い腰をあげた。この決断が無かったらもっと多くの犠牲者を出していたかもしれない。太田教授は後にこう書いている。

「報道機関には、報道の使命感と同時に加熱した報道合戦と治外法権的特権意識があった」（九州大学西部地区自然災害資料センターニュースNo.16、一九九七年三月）。正鵠《せいこく》を射ている。私には返す言葉がない。

4

多くの人柱が立って島原の空気が変わった。言い知れぬ不安。体育館での避難生活。疲れた。眠れない。家に帰りたい。人々の顔に焦燥《しょうそう》が募った。警戒区域、避難勧告区域などに市域が分けられる。警戒区域に指定されれば立ち入ることができない。見えない線の向こう側とこちら側で住民の生活は一変した。それでも自治体は線を引かねばならない。説明会では人々がいがみ合う局面もあった。

噴石は市街地にまで飛来し、民家の窓ガラスや車のフロントガラスを割った。災害派遣の陸上自衛隊車両が行き交う。厚い鉄板に鎧《よろ》われた七四式戦車や装甲車がものものしい。夜の帳《とばり》が降りるといっそう不気味だった。

ガラガラ。ガラ、ガラッ。

赤黒い光を放つ溶岩ドームが音を立てて崩落する。地獄の釜の蓋《ふた》が開いたような光景に年寄りたちは「奥山が怒ってござる」と畏怖して手を合わせた。

六月八日夜、一連の災害で最大の火砕流が発生して海岸付近まで到達。民家七三棟が焼失した。島原市、深江町は事前に八六〇〇人を避難させて人的被害を免れている。

シュー、シュー、シュー。

噴火にともなって空気が高く巻き上げられ青白い稲妻が走る。火山雷《らい》である。鉄道も道路も寸断された。隣りの深江町にすら行くことができない。

「避難するかどうか迷っている。朝日新聞か西日本新聞の島原支局長が奥さんを避難させたら、わが家も避難するつもりだ」

そんな声を聞いた。被害者を出さなかった二社は何か特別の情報源をもっているに違いないという噂がまことしやかに囁かれた。少額ながら詐欺事件も横行した。「西日本新聞島原支局長　×××」の名刺で飲み食いして回り、ツケにした代金を踏み倒す。

底知れぬ恐怖を感じたのは六月十二日の山体膨張だった。前々日から普賢岳が膨らみ始めた。各所に設置された傾斜計が示す数値が止まらない。マグマが上昇しているのだ。通常なら一年分に相当する変化が数時間単位で起きた。

最も大きな取材体制を敷いていたのはＮＨＫである。報道だけでなく番組ごとに取材班を組んで現地に乗り込んでいた。

「島原沖に大型フェリーを待機させていて、いざという時には一切合切《いっさいがっさい》逃げ出す準備をしているらしい」

「あれだけの人員と機材。車じゃ逃げられないだろうから」

真偽のほどは知らない。記者仲間の噂話だった。民放各局も大部隊を送り込んでいた。九大島原地震火山観測所前にはテントが張られ、折り畳みのパイプ椅子や机が出されていた。そこに記者たちが詰めて太田所長の見解を待つ。五、六〇人はいるだろう。あるチームは黒塗りのハイヤーを停め、いつでも逃げ出せるようにエンジンをかけ鼻先を門から半分突き出して待機した。昼前に行われた太田所長のブリーフィング（報道に対する簡単な説明）は「膨張が続いています」だった。

　現地デスク〝ぶーやん〟の声が無線機から流れた。

「山体膨張が続いている。取材に当たっている各人は堅牢な建物に入るように」

何が「堅牢な建物」だ。こちとらテントである。島原半島全体が吹っ飛ぶかもしれないと言った大庭先生の声が脳裏でこだました。三〇分ほどしてまた〝ぶーやん〟の声。

「山体膨張が続いている。危険な状態だ。各人、独自の判断で避難、撤収せよ」

　あれほどいた記者たちが数人に減っていた。

「えー、西日本島原から各移動……」

　また〝ぶーやん〟だったが、もう耳には入らなかった。

　気が付けば、観測所前は私と東京から出張してきたという全国紙科学部の記者だけになっていた。大学では火山学を学んだという。彼は机上の臨時電話を取ってダイヤルを回し始めた。

「ああ、〇〇ちゃん。お母さんは？」

「そう、お買い物。〇〇ちゃんはいい子にしているの？」

「お父さんはねぇ、いま、九州の、長崎県の、島原っていう所にいます。〇〇ちゃん聞いてる？　お母さんが帰ってきたら、伝えてちょうだい。わかる？」

「そう、お父さんは、急なお仕事で九州に来ているって。お母さんにねえ。今までいろいろありがとう。感謝していますって。そう。そう。……」

私は聞いていられなくなり、耳を塞《ふさ》いで観測所に駆け込んだ。玄関口に太田所長がおられた。

「どうかしましたか？」

「いえ、ちょっと……」

「膨張、止まりましたよ。もう少し様子を見て午後三時から会見します」

いつもと変わらぬ穏やかな表情。神様か仏様に見えた。

憶を記す⑥

私は、九泊十日の島原出張を十回やった。だが、地元の人々の苦しみが分かった訳ではない。余所《よそ》者は余所者でしかない。

一度だけ不思議なことがあった。気象庁雲仙岳測候所（現・雲仙岳特別地域観測所）の記者会見に行った。測候所は雲仙温泉街にある。車を運転していると誰かに見られているような気がし、引き返した。九州ホテルの玄関に社長の七條健《つよし》さんが立っていた。

「間違いでもいいから、誰かお客さんが来ないかと思って外を見ていた」

という。年間数百万人の観光客で賑わった雲仙温泉街。予約はすべてキャンセル。人っ子一人いない。数日後、福岡に戻った私はＪＴＢ九州営業本部の副本部長を訪ね、このことを伝えた。

「そうかぁ、ずっと気になっていたんだ」

一週間後、同本部が記者会見を開き、「自社の九州管内のすべての会議を雲仙で開く」と発表した。心に沁みるエールだった。

母乳から出た特ダネ

1

島原から戻った私は大学担当になった。どこの大学でもよい。新しい研究や話題を探して記事にするという役回りだ。

福岡で大学といえば取り敢えず九州大学。私自身、受験してご縁がなかった名門である。中でも最難関の医学部がどういう所か興味を引かれた。

蟬しぐれのなか九大医学部に行くと、幾つかの部屋の窓が開いていてランニングシャツ姿の人物がパタパタと団扇を使っている。冷房が故障したのだろうか。守衛さんに聞いた。

建物が古く冷房の効きが悪い。お金のある医局は部屋毎にクーラーを増設して使っている。これが気温の上昇とともに電力使用量を押し上げる。安全装置が働いてメーンの冷房機が自動停止する──。

「気の毒なところは冷房なしになるとですよ。○○科とか○○科とか」

中庭に回るとクーラーの室外機が見えた。そういうことか。私は行儀よく並んだ室外機を写真に撮り、気温が上昇すれば自動停止する九大医学部の不思議な冷房事情を書いた。その日は記事が少なかったのか、社会面のトップにでかでかと掲載された。数日後、広報に顔を出したら誰がチクったのかとしきりに尋ねられる。

「○○科か○○科の誰かでしょう」

見た通りのことを申し上げたが信じていただけない。犯人捜しが活発なようだ。天下の秀才の集まりもその辺の人間集団と同じ。私の中にあった「構え」が消えた。

名刺を持参していくつかの医局を訪れ「担当になりました。よろしく」と挨拶して回ったが、相手は白い巨塔。取りつく島がない。愛想笑いの一つもしてくれない。こちらも無知で何かを質問することもできない。学内をうろうろして数日が過ぎた。

「イノクチやないか。何しよるとや」

声を掛けたのは高校の同級生M君。白衣に身を包んだ彼は皮膚科の先生であった。

「ちょっとこれを見てみろ」

偏光顕微鏡を覗くとカラフルな万華鏡の世界。

「これ、何や」

「ある有名人の水虫だよ」

薄暗い部屋。白衣を着て顕微鏡を覗く学究の徒。その姿が眩しかった。彼は今も、福岡県糸島市で地域の人々の篤い信頼を得て診療を続けている。

世間の垢にまみれるわが身。のしかかる「特ダネ」の三文字。塩をまぶされ、重たい石を乗せられて漬物になる白菜。新聞記者にとって「特ダネ」は漬物石のようなものだ。「サツ回り」の間に私は幾つかの特ダネを書いた。他紙に先駆けて○○事件の容疑者を逮捕と書いたら新聞社内では特ダネである。しかし、県警が発表すれば、夕方には同様の記事が他紙にも掲載される。やがて、誰が特ダネを書いたかなど問題ではなくなる。ニュースはどんどん消費される。

せめて一週間、できれば一ヵ月。時間の批判に耐える記事を書きたい。縄暖簾《なわのれん》で〝ガンさん〟にそういうと「それはアカデミズムの仕事だ」と一蹴《いっしゅう》された。考え込んでも始まらない。私は大学内をあちこち探検して回った。先生方を訪ね、生活に役立つ研究、話題性のある論文などを引き写して記事にした。深く心に刻んだ二人の研究者を記す——。

2

九州大学大学院農学研究院。長い名前の研究室では若い研究者たちが黙々と仕事をしていた。彼ら、彼女らの活気に満ちた背中を見ているうちに、この研究室のボスはどんな人だろうかと思うようになった。訪ねると教授室に「村上水軍」と書いた提灯《ちょうちん》が掲げられていた。

「先生、これ何ですか？」

「因島《いんのしま》の村上水軍。おいらその末裔《まつえい》なんだよ」

村上浩紀《ひろき》先生は気取りのない笑顔。私はバカみたいな質問で畳みかけた。

「先生、どんな仕事されているのですか？」

「間もなく科学雑誌に載る論文があるけど。ヒト型モノクローナル抗体といって画期的なものができたんだ。それを一滴唾液に垂らすと肺がんがあるかないか、一発で分るんだよ」

「えっ!?」

「だから、たとえば君がペッと唾を吐く。もし、君に肺がんの細胞があれば色が変わるんだ」

「そんな夢のようなことが？」

村上先生は食品の安全というテーマから研究をスタートした。クマザサのリグニンなど食物中の抗酸化物が腫瘍《しゅよう》を抑える効果を調べた一連の研究で成果を上げた（二九歳で農学部食糧化学工学科の助教授に抜擢された）。同時に強く問題を感じた。当時は大腸菌の細胞でインターフェロンなどを培養していたが、これには限界がある。高等動物の細胞で培養しなければならない。その技術を学ぶためにアメリカに留学。独自の改良を加えて培養技術を確立し、新分野に挑戦して多くの成果を得たのである。細胞レベルになると生物学も農学も医学も境目がない。地球に生命が誕生して三八億年とされるがDNAはこの間ずっと「命」を伝えてきたのだ。

「おいら、教室の営業マンよ」

文部科学省の門をたたき、一〇〇社余りのバイオ企業を回って研究費を集める。企業から研究者を受け入れて共同研究。

「学閥なんか関係ない。みんなで頑張ろうぜ」

とにかくこの分野の研究には金がかかる。村上先生は試薬が入った小瓶を指さした。

「イノクチさん、これ一瓶いくらと思う？　分かる訳ねーよなあ。一本五万円だよ」

手の平に五、六本は乗るだろう小さな瓶だった。研究費不足は優秀な頭脳が海外流出する大きな原因である。補助金、協力金は研究テーマごとに交付される。それでは大したことはできない。集めたお金で研究する「場」を作る。みんなで知恵を出して、みんなで解決する。それが村上研究室の流儀だった。とはいえ、研究費を集めた人の責任、プレッシャーはいかばかりだったろうか。村上先生は翌年、病に倒れ、あっけなく帰らぬ人となった。働きすぎだったのだろう。

その後、私がヒト型モノクローナル抗体のことを耳にしたのは二〇二〇（令和二）年だった。米国のトランプ前大統領が新型コロナウイルスに感染したことがあったが、抗体カクテル治療によってすぐに現場復帰した。詳しいことはわからないがその抗体カクテルを作ったのがヒト型モノクローナル抗体だった。村上先生が倒れていなければ……、私は強くそう思った。

生前、先生のお宅を訪ねたことがある。奥さまがガラスの器に葡萄を四粒ずつ盛って出してくださった。

「お金がなくて、うちのカミさん、葡萄を房で買えなかったんだ。それで八百屋さんに頼んで粒で買っていたんだよ。あの気持ちを忘れるなってことさ」

私利とは無縁の人だった。

3

何を以て「特ダネ」というかは人それぞれだろう。私はこの大学担当時代、社会への影響が最も大きかった記事を書くことになる。

九大医学部の組織図を眺めていたある日、「この中で一番〝窓際〟にいる人物は誰だろうか」。不遜ながらそのようなことを思った。

九州大学医学部医療短期大学部（現在は医学部保健学科）。看護師を養成する三年制の学部である。その中に公衆衛生学教室があった。（誠に失礼ながら）「これだ」と思った。アポイントを入れ先生を訪ねた。案内図を見たが研究室が見当たらない。玄関に戻り事務室の窓越しに尋ると「向こうだ」とばかり顎をしゃくる。

「向こうは壁じゃないですか？」

「ドアの外です」

と女性は答えた。なるほどドアがある。トタン屋根の渡り廊下があり、その先にプレハブ小屋が見える。その日は大雨で泥水が溜まっていた。二〇個ほど置かれたコンクリートブロックを伝ってプレハブの引き戸を開けた。

名刺を交換した。「助教授　長山淳哉《じゅんや》」とある。世間話も長くは続かない。

〝キーキーキーキー〟

エプソンのプリンターが何かを打ち出している。それはパソコンラックの最上段、私たちの斜め上にある。

〝キーキーキーキー〟

プリンターヘッドが往復する度にラックごとゆらゆらと揺れる。

〝キーキーキーキー〟

「先生、何を印刷されているのですか?」

「あなたは、どうして私を取材しようと思ったのですか?」

ここは正直に言うしかない。

〝キーキーキーキー〟

長山先生はしばらく沈黙し、表情を緩めた。

「今、プリンターで打っているのは論文の資料だけど、母乳からダイオキシンが出たんです。それを報告するのです」

「えっ、ベトちゃんドクちゃんの、猛毒のダイオキシンですか」

〝キーキーキーキー〟

西日本新聞　1993年(平成5年)4月22日　木曜日　(日刊)

西日本新聞

母乳にダイオキシン

九大検出

大気汚染が遠因

分析ずみ9人全員　欧米基準の10—200倍

望まれる国の対策　欧米では積極対応

九州北部学術研究都市構想

中核センター

推進会議が基本方針策定　出資規

母乳からダイオキシンが検出された事実を報じた紙面（1993年4月22日付朝刊）

「ダイオキシンというのは多くの種類があるのですよ。あなた誠実な記事を書く気持ちがありますか。あるのだったら説明します。明日以降出直してください」

環境汚染が進み大気中にバラまかれたダイオキシンが生態系の食物連鎖で濃縮されて人体に入り、母乳から乳児へ。先進工業国ならばこのような事態が起きても不思議ではないと学者たちは予測していた。

長山先生の仕事は反論を許さぬ緻密さで文明社会の誤謬《ごびゅう》を突いた。九大病院で出産した女性十五人のうち九人の母乳からダイオキシンが検出されたのである。母乳を分析した結果、仮に乳児が一日一リットルの母乳を飲んだ場合、欧米のダイオキシン摂取規制値（成人）の十倍から二〇〇倍にも相当する量になるという衝撃的な事実が明らかになった。

一九九三（平成五）年四月二二日、「母乳にダイオキシン」「大気汚染が遠因、欧米基準の十～二〇〇倍」の見出しが躍った。

記事は共同通信もフォローして世界に発信された。真っ先に反応したのは統一したばかりのドイツだった。環境政党・緑の党がこの問題を取り上げ論争となった。

ダイオキシン類はゴミなどを低い温度で焼いた場合により多く発生する。長山先生の告発を受け、日本国内でも対応は早かった。ゴミ焼却場の炉を改修して燃焼温度を上げる一方、集塵《しゅうじん》機の改良も進んだ。さらに、小学校などの校庭で書類を燃やしていた小型焼却炉の廃止、撤去が進んだのである。

長山先生はカネミ油症《ゆしょう》事件をきっかけに大学院生のときからＰＣＢやダイオキシンなどの〝環境ホルモン〟の研究を手掛けてきた人物である。献身的な研究が人類を救ったといっても過言ではない。

第三章　リメンバー・ニュースペーパー

〝電脳時代〟がやってきた！

1

「イノクチ。お前、組合の執行委員をやってくれんか」

そう言ったのは社会部デスクの〝たむちゃん〟。直近まで西日本新聞労組の書記長を務めていた。

「分かりました」

難しいことは後先《あとさき》考えず即答することにしている。

ベア。夏、冬のボーナス。経済闘争は労使交渉の軸。徹夜の団体交渉もやぶさかでない。それでもどこかで会社側と折り合いがつく。いや、つけねばならない。当時最大のテーマは新聞制作の電子化が始まったことだった。一〇〇年続いた鉛活字、鉛組版からの脱却。そのトバ口に新聞業界はあった。

情報産業として乗り遅れる訳にはいかないという会社側。当然ながら、そこには省人効果《リストラ》も織り込まれている。労組側は技術革新について行けない人を疎外するな、機械化によって職場を奪われる人の仕事を確保しろ――。合意するのはしんどかった。

印刷、発送、制作、画像、広告、総務……。勤務時間帯も仕事内容も違う職種が新聞社には多い。編集局だけを眺めても深夜に見出しを考えている整理部員もいれば、事件現場に張り込んでいる前線記者もいる。組合は多様な職場の声を拾う。私は執行委員会を一度も休まなかった。面白かったのだ。

当時、社屋の十階にはインクにまみれた人々が退勤前に汚れを落とすための浴場があった。湯船はステンレス製のピカピカ。一度に十人以上も入ることができた。外向きの壁はガラスのハメ殺しで煌々《こうこう》と輝く中洲の灯が見える。

「おー、みんな飲みよんしゃーばい」

「金曜日やけん、タクシーが捕まらんちゃろう。歩いて帰りよる」

制作部のYさんは短髪五分刈り。黒々眉にいかつい目。どこかの怖い兄さん風である。脱衣場での存在感は他を圧していた。太腿《ふともも》部分にイニシャルを入れたトランクス。ある時は真紅の地に金糸刺繍の昇り龍。あるときは濃緑の唐獅子牡丹《からじしぼたん》。あるときはマサカリ担いだ金太郎。

「今日は一段とケバいですねえ」

「君のぶら下がり（ジャケット）より高かとぞ」

トランクスを誉めるとYさんは上機嫌だ。風呂上がりの屋台でコップ酒。明け方まで語りあった。職場の雰囲気はどうか。電子化を受け入れられそうか。習熟研修について行けるか。話の入り口は様々だが最後は必ず大真面目。新聞は、新聞社はいかにあるべきか――。

電子化の入り口として、私を含めた外勤記者にはワープロが配備された。西日本新聞社はシャープの「書院」。今からすればでかくて重い。机が狭くなった。オフラインである。キーボードで原稿を打ち、紙に印字してデスクに渡す。

鉛筆がワープロになっただけじゃないか。最初はそう考えた。だが違った。私はたちまち簡単な漢字が書けなくなった。もともとの注意力散漫。変換ミスによる誤字も一挙に増えた。二葉百合子が「岩壁の母」を歌っていたりする。「岸壁」でなければならないが気が付かない。デスクや校閲部も素通りし、翌朝、読者からのお叱り電話に「申し訳ありません」としょぼくれる破目になる。人間はアッと言う間に環境に順応（劣化）する。それが一般的に「進歩」と言われていることの裏面である。

　ワープロが配備されて三、四年したころ、私は恐ろしい現実に直面した。福岡市郊外の民家で火災が発生した。若い記者が現場に行った。木造の家一軒が全焼したが、けが人はなかった。

「おい、原稿を送れ」

「上がってから書かせてください」（「上がる」とは新聞社に帰るという意味）

「十一時過ぎているんだぞ。そこから戻るのに三〇分以上かかるじゃないか。〝勧進帳《かんじんちょう》〟で送れ」

「どうしても、上がってから書かせてください」（涙声だった）

　取材メモを見ながら頭の中で原稿を作り電話で吹き込むことを「勧進帳」と言うのだが、彼はそれができない。仕方なく私が代わりに消防署に電話を入れて短い原稿を作った。彼はしばらくして戻り、テキパキと原稿を書いてデスクに提出した。「書院」のフロッピーディスクに数十種類の例文を登録していて固有名詞などを穴埋めして原稿を書くのだという。「□□定食」の□□に「焼肉」とか「日替わり」とかの言葉を入れるのと同じだ。ギリギリ締切に間に合った。

「こっちの方が速いんです」

　彼は職場の環境に〝最適化〟したのである。悪びれた様子はなかった。今は記者用パソコンを現場に持ち込んでネットで原稿を送るから、このような「頭脳の舞台裏」は見えない。電子編集化の狭間で目の当たりにした時代の波頭《なみがしら》に慄然《りつぜん》とした。

私は新聞労連に専従副委員長として出向した。新聞労連は全国の新聞社と通信社、合わせて八五の組合連合。役員は回り持ちで選出するが、ちょうど西日本新聞労組が副委員長を出す順番だった。委員長の藤森研《けん》さんは朝日新聞労組、書記長の狩野《かの》博美さんは日経労組、副委員長は二人で私と京都新聞労組の大橋良一《りょういち》さん。書記さんが五人という体制である。

十数年振りの東京暮らしが始まった。理由は分からないが、自分は間違った所に来てしまったような疎外感に陥った。地下鉄に乗り合わせた人。居酒屋の店員さん。公園の母娘。普通の人たちが棘《とげ》を立てたハリネズミのように尖って見えた。カッターを漕いだころ、人情味にあふれた下町の人々とは〝人種〟が違うような感じだ。

新任の顔見せを兼ねて、私は全国各地の組合大会、各種集会に参加した。朝日、毎日、共同通信、日経などの労組書記局を訪ね、労使協議を側聞した。どこも紙面編集の電子化が喫緊の課題である。私なりの腹案が芽生えた。

時代の潮流に乗り遅れる訳にはいかないが、ついて行けない人もいる。電子化そのものは否定できないにしてもその移行速度を緩められないか。電子化を推進しているのは半導体である。その開発には大きな投資が必要で一つの生産ラインに数千億円もの巨費が投じられる。それが可能なのは政府が税制で優遇しているからである。数千億円の投資を数年で償却することを認めているのだ。

「償却を遅くする運動ができないでしょうか。そうすれば機器の開発自体のスピードが落ちて社会の足取りも緩やかになる。新聞だけでなく、連合かれこれに働きかけて労働組合全体の取り組みにできないでしょうか」

次年度の運動方針を巡る書記局会議に提案してみたが反応はなかった。思い付きでは組織は動かない。かつて一緒に会社訪問したK君に意見を聞いた。彼はある都市銀行の新宿支店副支店長だった。

「日本が開発を遅らせれば他の工業国が喜ぶだけ。結局、日本はその国から半導体を買わされる羽目になる。自前で開発し、それを売って儲けるべきだろう」

納得できなかったが、反論もできなかった。

3

作家の筒井康隆氏が断筆宣言したのは月刊誌『噂の眞相』（一九九三〈平成五〉年十月号）紙上だった。角川書店発行の高校国語の教科書に筒井氏の短編小説「無人警察」が掲載されたが、「てんかん」の描写が差別的であると日本てんかん協会が抗議して作品の削除を求めた。角川書店は「無人警察」を筒井氏の承諾を得ずに教科書から削除した。

筒井氏はこれに抗議して断筆宣言。すべての執筆活動を停止した。こんなに言葉が不自由になったら書くことはできない。「やーめた」というのである。言葉の問題は新聞も同じこと。同年十一月、新聞労連は筒井氏を招いて「言葉の自由を考える集会」を開いた。集会には新聞記者と出版関係者、合わせて約八〇人が参加した。

断筆。失意の筒井氏を励まそうという気分が私にはあった。しかし、叱咤されたのは逆にこちらだった。集会の冒頭、筒井氏は以下のように語り始めた。

複数の新聞社ではパソコンで執筆する際に差別用語が出てくると「警告」が出ると聞いた。コンピューターが進歩すると警告だけでは済まなくなり、まさに「無人警察」で私が書いた管理社会の恐怖が現実のものになる。（私の）「断筆」の影響力は大きくはない。（それが証拠に）マスコミで自主規制が緩和される動きが全くない。どうすれば（皆さんの社内で）自主規制の動きを止めることができるのか——。

ある作家のファンが彼の本を買って読む場合には問題にならない言葉が、新聞という不特定多数が読む場所（筒井氏の場合は教科書だった）に掲載された途端に差別表現と見なされる可能性がある。新聞、テレビの現場から言葉の不自由が始まることを筒井氏は喝破した。

私自身もある原稿で「酒屋」と書いたのだが校閲部から「酒屋は使えない」と言われ「酒販店」に書き直された。こんな文脈だった。

——年老いた陶工は窯から出した茶碗が気に入らず、酒屋に走って焼酎を買った。一つ一つ、茶碗を割りながら明け方まであおった。いくら飲んでも酔わなかった。

校閲部は「○○屋」という表現が差別語に当たるという。花屋→生花店、魚屋→鮮魚店。それらの言葉のどこが差別的なのかと聞いても彼らは答えられない。「そういう決まりですから」を繰り返す。私は校閲部員との押し問答に疲れてしまい、しぶしぶ同意した。このようなことが日々起こる。些細な問題のようだがそうではない。同様のことが繰り返され、新聞は言葉のリアリティーを失っていく。

憶を記す⑦

共同通信労組執行委員の木《き》庭《にわ》慎吾君とはそりが合い、釣り談義に花を咲かせた。「西日本スポーツ」の釣り情報。私が失敗談を披瀝すると彼は穏やかに笑った。釣り情報というものはせめて五年分はスクラップして、そろそろあの辺であの魚が釣れる時期だなという風に参考にするものだと。彼は明石海峡をホームグラウンドに中学生の頃から〝釣り天狗〟だったという。

私たちは虎ノ門（当時、共同通信社は虎ノ門にあった）のバーでキックの強い酒を飲みながら語り合った。上京した私が襲われた疎外感。彼も同じ感覚を味わったという。

「東京人たちは理論家だ。何かと軋轢《あつれき》が大きい大都会では、自分は正しいのだという鎧《よろい》を纏《まと》っている必要があるんじゃないかなあ。自分なりのロジックを持っていないと安心できないというか」

「新聞の用語規制も最初は社会的弱者に対して言葉による差別をしないため自主的に作った規制だった。しかし、時間が経つにつれて新聞社自身が軋轢《あつれき》から身を守るための〝自守〟規制になっていった」

「最初は善意から始まった。しかし、それは今や理論の檻となって人々を縛っている」

「理論の檻？」

「全能の理論はない。せいぜい〝自分は正しい〟というに過ぎない理論武装だろう。そんなものに取り巻かれたら息苦しい。あれをするな。これをするな。禁止事項に囲まれたら檻に閉じ込められたようなものじゃないか」

「理論を吐いている者、それ自体も自分の理論の檻から抜け出せなくなるんだろうね」

　木庭君はしばらく考えて言葉を継いだ。

「イノクチ君は小学生のころ音楽の授業でメトロノームを使っただろう」

「一一〇とか一二〇とか目盛りを合わせて、かちかち揺れるやつやね」

「複数のメトロノームを同時に動かすと最初はばらばらに動いているが、しばらくするとみな同じ揺れ方になっていく。自然に同期するんだよ。同じ電車に乗り、同じようなオフィスビルで仕事し、同じ空気を呼吸し……。大都会に暮らしているとみな同じような思考になっていくのではないかなあ」

「〝東京メトロノーム現象〟ってか……」

KOBEの日々

1

一九九五（平成七）年一月十七日午前五時四六分、阪神淡路地方を巨大な地震が襲った。その時、私は長崎市内のホテルにいた。翌日から開かれる、新聞労連九州地方連合会（九州地連）主催の泊まり込み春闘討論集会に参加するためである。朝食のときテレビで神戸の地震発生を知った。会場は雲仙温泉街の旅館。長崎新聞労組のメンバーと共に雲仙に移動した。初日の会議を終えて夜は懇親会。深夜まで議論を戦わせた。

翌十八日朝、テレビを見て驚いた。市街地のビルが軒並み倒壊している。

えらいことになった。

後の日程も立て込んでいたが、私はそれらをキャンセルして神戸に行くことにした。とにかく現場に行かないと始まらない。新聞労連近畿地連の藤川順造委員長（毎日新聞労組）に連絡すると、

「大阪もひどく揺れたでぇ、新幹線も在来線もしばらく動かんのとちゃうか」

「今日は福岡まで行って、明日、伊丹に飛びます」

「フットワークええなあ。そんなら伊丹で待ってるで」

＊

伊丹空港に着いたのは十九日朝。藤川委員長（通称〝オイちゃん〟）と近畿地連の伊藤明弘書記も神戸を目指したがガス爆発事故に阻まれて引き返したという。

「三宮にはしばらく行けんやろう。六甲山の裏側を回って神戸新聞の西神《せいしん》製作センターに行ってみようや。あの辺りはやられてないみたいやから」

オイちゃんは新聞発送の仕事をしている。災害時の迂回ルートは本職である。どのような経路だったか私には分からない。タクシーは裏道、裏道と抜けていく。山沿いのルートは底冷えする寒さ。あちこちに白い残雪が見えた。酷い渋滞に巻き込まれてタクシーを降りて歩いた。どのくらい歩いたのか、電車が動いていた。「鈴蘭台」という駅を通ったのを覚えている。

神戸新聞西神製作センターに着いたのは午後四時ごろ。伊丹空港から六時間かかった。こちらはほとんど無傷だった。普段は人《ひと》っ気《け》の少ない印刷工場だが、廊下には段ボール箱が積み上げられ、真新しいケーブルが走り、強張《こわば》った表情の男たちが慌ただしく行きかっている。広い会議室があった。男性が一人、椅子に座っていた。よく磨き上げた靴、ワイシャツにネクタイ。その上から作業服という出で立ち。防寒用の皮コートを椅子に掛けていた。

「組合の書記局どこですか？」

「あなた方は？」

「新聞労連です。支援に駆けつけました」

「社長の荒川克郎《かつろう》です。よく来てくれました」

「大変でしょうが頑張ってください」

悲しいほど陳腐な、情けない言葉しか出なかった。私は五島列島名物の「かんころ餅」を袋いっぱ

い持参していた。昔ながらの保存食。緑褐色《りょくかっしょく》のずっしりと重い餅である。手渡すと、

「どうやって食べますか？」

「薄く切って電熱器であぶってください。美味しいですよ。皆さんで食べてください」

「あ、そうですか……新聞労連さん。あ、そうですか……有難う」

神戸新聞労組の臨時書記局には男性の組合員が一人いた。新潟、南日本（鹿児島）、長崎新聞労組などから届いた激励文とかんころ餅を手渡した。

私の宿舎はＪＲ京都駅近くのホテル。

「すんません、方々《ほうぼう》当たったけど他にありませんねん」

と伊藤君。旅装を解いたのは午後十時過ぎだった。フロントで十七日からの京都新聞を買い求めた。被害の甚大さに言葉を失った。その日、見聞きしたことを便箋にまとめて「震災情報１号」として東京の新聞労連本部に送った。

2

「行ける所まで行ってみようや」

と〝オイちゃん〟が言う。ＪＲ大阪駅はリュックを背負った人であふれ、入場制限していた。鉄道はあちこちで寸断されていたが阪急電車が西宮北口まで通じている。オイちゃんと伊藤君が買い込んだカセットコンロと替ボンベ。ペットボトルの水。持てるだけ持って阪急に乗った。被災地ではライフラインが失われてカセットコンロは貴重品だった。ペットボトルの水もしかり。

あちこちで家屋が倒壊していた。普通に見える家も一階が潰れて二階の窓が道路に接している。中

層マンションは四、五階あたりで座屈している。水がない、電気がない、食糧がない。ガスの臭いがする。人口一五〇万人の近代都市が一瞬にして破壊されたのだ。公園や学校、広場には毛布に包《くる》まった人々がいた。命拾いした人たちが着の身着のまま集まっている。余震が続いていた。

一般電話は通じない。ＮＴＴ前にある公衆電話はどうにかつながるらしく一〇〇人ほどが黙って順番を待っている。どの顔も怯え、無口だ。上空にはうるさいほどにヘリが飛び、消防車、パトカーのサイレンが鳴り止まない。「遺体搬送中」と書いた車両にはギョッとした。主要道路は猛烈な渋滞。災害派遣の自衛隊車両も数珠つなぎだ。

何度も何度も道を尋ねて神戸新聞阪神総局（西宮市）にたどり着いた。来意を告げると、若い男の記者二人が私たちの荷物をひったくるようにして消えた。

「よほど嬉しかったんちゃう？　苦労して運んだ甲斐があったでぇ」

とオイちゃん。

記者たちはほとんど出払っていた。一本だけ生きている電話は本社とつなぎっ放し。一度切ったら次にいつつながるか分からないという。

神戸新聞は紙面編集ができない。帰り道、オイちゃんが独り言のようにつぶやいた。

「ＣＴＳ（電子編集端末）もホストコンピューターも、その電源も破壊されたそうや。ワヤやな。京都新聞で作った印刷フィルムをバイクで西神の工場に運びよるらしいで」

この状況で新聞を出し続けていることが私には信じがたかった。会議室で出会った荒川社長は、傷ついた神戸新聞会館の放棄を決め、仮編集局となるオフィスの賃貸契約に調印し、総務局などの本社機能を西神の製作センターに移し……。即断即決の激務が続いていたのだ。そこにぽっかりと空いたわずかな隙間に、私たちが飛び込んだらしい。「かんころ餅」を食べてくれただろうか。

3

震災が起きたとき、新聞労連の藤森委員長は東海、近畿地連合同の春闘討論集会で三重県にいた。

「イノちゃん現場に行ってくれるのか。よろしく頼む」

藤森さんは東京に引き返し、情報を集めて全国各地の労組に神戸支援を要請した。狩野書記長は金融機関に専用口座を開設して義援金を集め始めた。全国に散っていた役員が東京に戻り、本格的な支援体制を作り始めていた。

大阪では早くもカセットコンロが品薄になっているという。〝オイちゃん〟が和歌山方面、伊藤君が奈良方面に出向いてかき集めた。前日と同じように持てるだけ持って神戸に向かった。

押しつぶされた民家の玄関にＢ５ぐらいの貼り紙があった。

「主人　○○××／妻　××／長男　××／長女　××／祖母　××。一家五人は全員無事です。大阪市の親戚の家におります。連絡先　大阪市××区○○町▽▽　電話○○○（○○○）○○○○」

神戸のラジオ局は人々の安否情報、尋ね人案内を流し続けた。一日三時間、長い日には五時間。ＮＨＫラジオもかなりの時間を割いていたが、放送はラジオを持っていないと聞くことができない。当たり前だが、私たちはそのことを忘れやすい。尋ね人の情報が最初の一分で流れるかもしれない。五時間待っても流れないかもしれない。同姓同名の別人ではないか。聞き返したくもなるだろう。

新聞ならば手が空いた時に読むことができる。新聞の退潮は誰の目にも明らかだが、紙に印刷して人間が配る「原始力」メディアは災害時には何より強い。

ＪＲ京都駅近くのホテル。私は何日ぶりかでシャワーを浴び、コンビニのコップ酒を温めた。ホテルの部屋で京都新聞を眺めるうち作家・夢野久作《きゅうさく》の関東大震災レポートを思いだした。

当時夢野久作は西日本新聞の前身、九州日報の記者をしていたが、体内に巣食う十二指腸虫退治のため福岡市の病院に入院中だった。一九二三（大正十二）年九月二日、看護婦が運んで来た九州日報を開いて仰天した。関東大震災の発生が伝えられていたのだ。そこに院長が入って来て久作はいきなり「三〇〇円貸してください」と頼んだ。東京には両親と妹がいる。東京が全滅したような記事に「せめて骨だけでも拾ってやりたい」と考えたのだ。その日の午後、久作は福岡を出発、汽車と船を乗り継いで四日後に東京に到着した。幸い家族は無事だった。

久作は一年後に東京を再訪し、九州日報に「街頭から見た新東京の裏面」「東京人の堕落時代」と題する二つの連載記事を書いている。

「吾が大和民族の文化の中心は、一朝の地震で〝ゼロ〟にまでたたき落とされてしまった」。金で動く政治家、無気力な官僚、金もうけのため誇りを捨てる医者、保険外交員などを寝室に引っ張り込む上流婦人、意気も人情も失った江戸っ子たち、安っぽい毒々しさがはびこる街並み……。それらの現象は地震によって引き起こされたというより、時代の病が地震をきっかけに露呈したと久作には見えた。

「数字とお金で動かせる死んだ魂の市場、智識と才能と人格の切り売りどころ――それが東京である」

例えば浅草仲見世《なかみせ》の「無言正札《しょうふだ》商法」。商品にすべて正札を付け、店主は「いらっしゃい」とも言わず「往来をジロジロ見送っている」。浅草でも震災前はそうではなく、震災後、浅草を中心に東京各地に流行し始めたという。福岡には正札はなかったのだろう。正札がなければ、店主と客との間に対話が生まれる。「正札」はそれを「お金だけに支配される行為」に変身させた（山本巖著『昭和史を歩く

――福岡県を舞台に』文献出版、昭和六二年より要約引用）。

山を削り、海を埋め立て「株式会社神戸市役所」と揶揄《やゆ》されるほど神戸市は開発を進めてきた。そこに「神の戸」が開いたような激震である。多くの人々が黙々と歩いていた。地理に不案内な私たちに人々はやさしかった。道を尋ねると大抵の人が「途中まで一緒に行きましょう」と言ってくれた。これは何なのだ。久作は「魂が死んだ」と言い、私はその逆を見た。

4

一月二三日。全国から支援物資が届き始めたが、それを運ぶ人手が足りない。〝オイちゃん〟は京都新聞労組に支援を求めた。印刷、発送部員らに手伝ってもらおうというのだ。

「当直明けの連中が来てくれますかねえ」

「明け方まで働いた後やからなぁ」

初日、十人が集まった。私たち三人。さらに報知印刷の一人。

「オイちゃんの人徳やなあ」

「そんなことあらへんて、みんな人の役に立ちたいんと違《ちゃ》うか」

書記局に集合し、荷物を抱えて電車に乗った。ＪＲ福知山線、神戸電鉄、北神《ほくしん》電鉄と乗り継いで新神戸へ。仮編集局があるハーバーランド（神戸市中央区）を目指した。相変わらず緊急自動車が行き交いサイレンが鳴り止まぬ道を十四人はノロノロと歩き始めた。みな両手と背中に荷物を抱えている。私たちはすぐにへたれた。三〇分も歩かないうちに疲れて座り込む。しばらく休んで気を取り直してまた歩く。また、へたり込む。

後に専門家に聞いたことだが、三半規管をやられていたのだろうという。神戸の市街地では道路は波打ち、電柱も傾いている。ビルも傾斜して視界のどこにも垂直、水平がない。平衡感覚を失調しておかしくなるというのだ。そういえば、生あくびが出て吐き気もした。船酔いに似ていた。生田神社がすっかりひしゃげていた。ハーバーランドに着いたのは午後二時だった。

一〇〇平米ほどしかない仮編集局は記者たちでごった返していた。ほとんどの人間が座る場所がない。スチール机で原稿を書いている者があれば、その下にうずくまって寝ている者もあるといった具合だ。私たちが運んだのはカセットコンロ十九台。替ボンベ約二〇〇本、水一〇〇リットル、ラーメン、タバコ、軍手、テレフォンカードかれこれ。

5

一月二五日、春闘臨時大会が目前に迫って私は東京に帰らねばならない。夜、三人で大阪ミナミに出た。数十キロ西の神戸と違って大阪の街はすっかり日常を取り戻していた。濛々たる油煙《ゆげ》にまみれて食べたホルモン、カルビの美味《うま》かったことは今も記憶に鮮明である。

〝オイちゃん〟と伊藤君はもう一日、現地に留《とど》まってから東京に出るという。

「イノちゃん、ワシらもよう頑張ったで」

「あの状況。普通なら休刊でしょう。しかし、一度休刊したら神戸新聞は立ち上がれなかったと思いますよ」

「そうよなあ。ちょっとでも休刊したら、終わりやったろうなあ。社長さんの決断やろうか」

「そろそろギヤチェンジして恒常的な体制にシフトしていかないかんでしょうね。疲れ切ってるから」

「心配いらん。神戸労組の林（芳樹）委員長はしっかりした人や。会社ときっちり詰めはるて」

「そうですねえ。〝人間愛〟の人やから」

伊藤君はプロのギター演奏家を目指して果たせず、新聞労働運動に身を委ねた人物である。

「イトーちゃん、落ち着いたら人間愛の曲弾いてんか」

「神戸でコンサートやろうよ。福岡から聴きに行きますよ」

「そんな、アホな。冗談は口だけにしといてください」

大阪の夜は更けていった。

＊

新聞労連の本格的な支援が始まり、本部役員が入れ替わりで現地を訪れた。神戸市内に自動車で行くことが可能になってからは物資を届ける量も飛躍的に増えた。中でも松江の山陰中央新報労組の差し入れは記憶に残る。肉、野菜のほかに宍道《しんじ》湖のシジミを持ち込んで仮編集局前で炊き出し。アツアツのシジミ汁を振る舞った。

「あんな大鍋、どこから探し出して来たんやろか。背負って歩く姿を後ろから見ていたら、亀さんみたいやったでー」

そう言って笑う〝オイちゃん〟自身も大活躍。取材用のミニバイク十台を、遠く静岡辺りまで手配して探し出して送った。全国の組合員のカンパを集めた支援金は約一七五〇万円に達した。

私が再訪したのはほぼ二ヵ月後。新聞の過当競争を止《や》めさせる集会に参加した。神戸新聞の主地盤である姫路地区で激しい新聞販売競争が展開されていた。通称「セールス」の連中が「神戸新聞は間もなく潰れます。是非、ウチを」などと言って自社の無料新聞を配布してまわるのだ。

しかし、よりによって被災地でやるとは。集会では全国から集まった約五〇人が二人一組になって地元を歩き、過剰な販売競争の実態を聞き取った。その結果をもとに関西地区の新聞各社に改善を申し入れ、一定の効果を上げた。

集会の帰り道、私は神戸市内を一人りで回った。市街地では復興作業が着々と進んでいた。「仕事を求めてどこまでも」であろう。瓦礫《がれき》を満載した沖縄ナンバーのダンプカーが走っている。焼野ヶ原になった長田《ながた》地区では小中学校の体育館などで多くの人々が避難生活を続けていた。夕暮れが迫った校庭にアンプ、スピーカーなどのＰＡ装置一式を積んだ四トントラックが入ってきた。運転席から中年の男性が降りて荷台に立ちマイクを握る。

「皆さん、集まってください。一緒に歌いましょう」

荷台は仮設ステージになった。

「私、沖永良部《おきのえらぶ》島の出身です。歌手を目指して神戸に出てきました。全くヒットしませんでした。でも私には歌しかありません」

聞きなれない歌声が響いた。男性の持ち歌だろう。温泉宿、ネオン街などでＣＤを持参して売り歩いたに違いない。三人、五人と人々が集まり、やがてトラックの周りには一〇〇人ほどの人垣ができた。今度は北島三郎のカバー。よく通る声だった。拍手が湧いた。

「私、幸せです。こうして皆さんを励ますことができたことが」

ノド自慢の被災者たちが次々にステージに立った。その夜は遅くまで歌声が響いた。

これが〝人間愛〟の歌だ。

私はそう感じた。

憶を記す⑧

　福岡市のある公園に高いフェンスが張り巡らされていた。私が小学生のころは何もなかったのだが、草野球のボールが住宅に飛び込まないための対策だと近所の人がいう。そのフェンスの各所に「危険だから登らないで」と書いてあった。「滑り台の階段を駆け上がってはいけません」。「植え込みの木を折らないでください」、「バーベキュー禁止」、「ブランコのそばで遊ばないで」、「バイク乗り入れ禁止」かれこれ。いったい何枚の禁止看板があるのか。ベンチに座っておとなしくしているしかない。しばらくすると厳めしい表情の老人が真っすぐ私に向かってきた。「ここは飲食禁止だ」という。

　彼は市から委嘱を受けた公園の管理人。私は近くの和菓子屋で買った饅頭の包みを開け、ペットボトルのお茶を飲んでいた。こんな公園、二度と来るものか。心の中で悪態をついてその場を去った。

　新聞の用語規制にも似た側面がある。最初は言葉の暴力を防ぐための善意の自主規制だった。しかし、「酒屋」「魚屋」まで使えないほどに膨らむと、自身が外部との軋轢《あつれき》を避けるための「自守規制」に変質したのだと私は思う。

　かつて編集局には様々な電話が掛かってきた。「この記事おかしいんじゃないか」、「間違いだ」、「もっとちゃんと取材せんか」。たいていはお叱り。マシンガントークで有名なオバチャンがいて、そろそろ掛かってきそうだという時刻になると誰も受話器を取ろうとしなかった。

　忘れもしない電話がある。それは上品な声の高齢女性からだった。「クリントン政権をどう思うか」から始まり、イギリス、フランス、ドイツの政治談義。私はいい加減な相槌を打っていた。女性の声はだんだんと厳しくなっていった。

「その位の認識で、どうして国際政治の記事が書けるのですか」

「はぁ、あれは共同通信社の原稿で」

「何、寝ぼけてるのよ。掲載したのはあなた方じゃないの」

南米から中東情勢まで二時間近く怒られっ放し。女性が電話を切ってくれたのは夜の十一時を過ぎていた。翌々日、保安室から呼び出された。「皆さんで食べてください」と言って女性が菓子折りを置いていったという。添えられた手紙にこんなことが記されていた。自分は三年前まで東京のある大学で国際政治を教えていた。定年退職して故郷に戻って独り暮らし。寂しさから長々と電話して申し訳なかった、と。

どんな形にせよ、読者との対話は必要である。しかし、どこの新聞社もそうだろうが、読者対応の専門部署を作って編集局に直接の電話が掛かってくることはない。

私は佐賀勤務時代に「かささぎ通信」という紙面を作った。木曜日の地方版。四ページのうちの一ページをこれに充てた。広告局にお願いして下の広告を外してもらい、そこに便箋を印刷した。好きなことを書いてくださいと小さく書いた。切り抜いて、山折り谷折り。点線に従って折っていくと封筒になる。宛名は西日本新聞佐賀総局。小さく「切手を貼ってください」と印刷した。

佐賀県内には六五の新聞販売店があり約七万部の新聞を配っていた。私は全ての販売店を訪ねて「かささぎ通信」への協力を頼み込んだ。通信欄を作ったからと言って読者がすぐに書いてくれるはずもない。販売店の力が不可欠だったのだ。集金に行ったとき「かささぎ通信」よろしくと声をかけてもらえないか——。郵便切手を貼るのが面倒な人からは、現物を預かって佐賀総局に届けてもらった。そのようにして読者の声が届き始めた。

記憶に残っているのはパートの女性からの短い通信。

子供たちを送り出して家を出るとき家の前の大きな木が気になります。その木の洞《うろ》に鳥の巣があって数羽のヒナがいます——。

記者が彼女を訪ねて記事を書いた。

「鳥たちに負けず、私も頑張ろうと思います」

数カ月してようやく、毎回、三〇通前後の返信が来るようになった。「千通にならないと意味がない」という声が本社からあった。経営的にはそうかもしれない。

ただ、こんなことがあった。鹿島支局長のＯ君は「かささぎ通信」で多くの人々のつぶやきを記事にした。その彼に人事異動の内示が出たことを知った鹿島の人々が、一千人余りの署名を添えて「もう少し彼を鹿島に残してほしい」と本社に申し入れたのだ。

華々しい経歴を持つ記者は多いが、ここまで読者に親しまれた記者を私は知らない。

介護タクシー奮戦記

1

高倉神社（福岡県遠賀《おんが》郡岡垣町）は、日本神話の神々を祀って信仰を集める。古木に囲まれた参道。小高い丘の上に本殿が見える。玉砂利が敷き詰められた先の石段。そこに車椅子を押したり引いたりする男女の一団があった。紺色の作務衣《さむえ》を着た彼らはホームヘルパー二級の免許を取ったケア・ドライバー。これから「介護タクシー」を始めようとする人々だった。

「もうちょっと後ろに傾けんと、怖いき」

車椅子に乗った人物が車椅子を押す人物に声を掛けた。

玉砂利に埋まりこむタイヤ。注意を怠るとわずかな石段が高い壁になる。

「後ろに回ってゆっくり引っ張り上げてみんか」

交代で車椅子に乗り、次は車椅子を押す。手足の感覚で押し方を覚え、尻と背中で乗り心地を確かめる。すべては手探りである。ウミガメが産卵することで知られる砂浜でも同様の訓練を行なった。

「介護タクシー」草創期の光景だ。このサービスは元はある人物の「発明」である。それ以前には考えられないことだったのだ。

*

高校時代の同級生である木原圭介君に呼び出されたのは一九九八（平成十）年六月。彼は「遠賀タクシー」（岡垣町）という中堅タクシー会社の二代目である。

「どう思うね？」

渡されたのは数枚のA４紙。新しいサービスの概要が書かれていた。タクシーは四五台。このうち八台を新サービスに充てる。ドライバーから希望者を募ってホームヘルパー二級の資格を取得させたという。

見た瞬間、これはネタになると思った。だが、彼は「記事にしてくれ」とは言わない。別れ際に、

「この事業も思い切ってやって失敗したら会社は潰す。そのときは笑って許して、たい」

♪笑ってェー　ゆるして

和田アキ子のドスの効いた歌声が耳について離れない。彼の覚悟は本物だと思った。

マイカーの普及で利用者が減ったタクシー業界は、二年ごとの運賃値上げを繰り返していた。客離れ→値上げ→客離れという負のスパイラル。何か根源的な改革が必要だった。

運賃は限りなくゼロに。乗客の満足度は最大に。いつでも呼んで、どこにでも行ける乗り物。孫悟空の「觔《きん》斗《と》雲《うん》」を目指す――。

A４紙にはそう書いてあった。私は觔斗雲構想にワクワクしながら取材を始めた。

2

岡垣町は福岡市と北九州市の中間に位置し、ＪＲで博多駅から一時間ほど。タクシー行政の縦割りでいえば北九州交通圏の西端にあって福岡交通圏に接している。觔斗雲に乗った孫悟空のロゴをつけたタクシーに私は同乗した。営業前に募集したモニターを乗せて実際のサービスを試すのである。デ

パートのバーゲン。花見に墓参り。銭湯に行った人もいた。

「介護」という言葉は案外に新しい。日本赤十字社は今も「家庭看護」という用語を使っている。ベッドに寝ている人を起こす、寝かせる。椅子に座らせる、立たせる。食事、排泄の介助。これらを病院外で安全に行うための技術が「家庭看護」としてまとめられているが、どう見ても屋内を前提にしている。そこには花見に連れ出そうという発想は見当たらない。

取材といっても何もしない。現場に行って様子を見守るだけである。エレベーターのない集合住宅ではドライバーたちは利用者を背負い、階段を一歩、一歩上った。助手席にモニターを乗せ、窓を開けて遠賀川の土手を走った。車内は世間話に花が咲き、蒸せ返るような土の香と草の息吹を感じた。

遠賀タクシーの会議室にケアドライバーたちが集まっていた。

「左麻痺の人は左から……」

「右麻痺の人は右から……」

「なるほど、そうか。分かったち思ったときが一番危ないとぞ。このサービスは」

「場所によっては車の左側を着けられない時もある。どげするか」

教科書はない。一人一人の利用者と向き合い体で覚えていくしかない。

記事は一九九八（平成十）年七月十九日付。私は何も考えずに「介護タクシー」という言葉を使った。それがこの新サービスの呼び名として世の中に定着した。ホームヘルパーの免状交付が八月二三日、営業開始は二四日。出発式では岡垣町長がテープカットした。報道各社が大勢押し寄せて全国に発信した。介護タクシーに同乗したテレビクルーもあった。全国紙の特集も相次ぎ、テレビ局の特番も続いた。わずか八台で始めた新サービスは、瞬く間に全国に知られた。

西日本新聞　1998年(平成10年)7月19日　日曜日

岡垣町のタクシー会社
運転手はヘルパー
資格持ち外出介護

車内に簡易トイレ

来月スタート

福祉へ参入
業界に一石

自民総裁選
小泉

新サービス「介護タクシー」の開始を報じた紙面（1998年7月19日付朝刊）

木原君は何も無いところからタクシーによる屋外介護を「発明」した。いわば「〇から一」を作ったのだ。「あとの一から一〇〇はみんなで作ればいい」。私はそう思った。

3

介護タクシーの料金はタクシー運賃に三〇分一二〇〇円の介護料が付加される。出発前の着替え、身の回りの世話、部屋の掃除、病院での付き添いなどが含まれる。頻繁に利用する人は入会金一万円を支払って会員になると介護料は三〇分七〇〇円。介護タクシー部門は既存の「遠賀タクシー」から分離され、「メディス」という新会社でのサービスとした。メディスの基本方針は介護の本質を問いかけていた。たとえば「おんぶ」。

【既存の介護】
　おんぶは危険である
　事故があったら責任が取れない
　緊急時以外おんぶはしない
【メディス】

おんぶが危険と言われればそうかもしれない
どんな事故があっても責任を取る
かなりの人はおんぶで運ぶことができる

【私の実感】

おんぶは安心。人間の背中を感じる安心感
おんぶを「外」と置き換えても同じである

ずっと前から外の景色を見たかったという利用者の声が弾んでいた。印象的だったのは八一歳の男性を〝立小便〟させたケースだ。

Uさんは北九州市八幡東区で独り暮らし。唯一の趣味が山登りだったという。脳梗塞で倒れて手術、岡垣町の病院に移ってリハビリ入院して半年。初めて許された外泊だった。空き家にしている自宅が気になり、介護タクシーを呼んだ。自宅まで数分の所に来たとき、Uさんは「立小便がしたい」と言った。病院ではオムツに漏らすか、せいぜい尿瓶《しびん》である。ケアドライバーは神社の駐車場に車を入れ、便所に導き、後ろから支えながら衣服を下ろした。

「ふー」

Uさんは大きな息をして兵隊時代の戯《ざ》れ唄を口ずさんだ。

♪万里の長城で　立ちションすれば
ゴビの砂漠に虹が立つ（「アルプス一万尺」の替え歌）

このときUさんは「生きている」ことを実感したに違いない。案内したケアドライバーによるアドリブのサービスだった。

買い物に花、墓参り。介護タクシーは順調に伸びた。初めての外泊旅行は湯布院温泉。北海道への三泊四日の旅ではレンタカーを使い、ケアドライバーが付き添った。どうしても韓国に行きたいという男性の望みも叶えた。現地でタクシーをチャーターして二人のケアドライバーが付き添った。介護タクシーは屋内に引きこもっていた人々に希望の光を当てたのだ。

「介護タクシー」、あるいは同様の名称でサービスを行うタクシー事業者は爆発的に増え、全国で一五〇〇社とも二〇〇〇社とも言われていたが、正確にカウントできないのが実情だった。

介護保険が始まったのは二〇〇〇年春。

「このサービスを介護のメーンストリームで試してみたい」

メディスは介護保険指定事業者となった。介護保険が適用されたことで介護タクシーの利用はさらに増えていった。

「介護保険生みの親」と言われる厚生労働省幹部のW氏。その勉強会に参加した木原君は、介護タクシーが全国に拡がれば、その利用は年間二兆円が見込まれると耳打ちされた。既存のサービスに魅力的なものがないからだと。タクシーの売り上げは全国で年間二兆数千億円である。W氏の話を半分に割り引いても、このサービスに取り組めばタクシー産業は生き返る。介護保険参入はタクシー産業の希望となるはずだった。

4

メディスのサービスは介護保険では「身体介護」に該当した。三〇分二一〇〇円、本人負担は一割の二一〇円（当時）にまで下がった。別途タクシー料金を受け取れば介護保険と二重取りになるという理由で、メディスは利用者本位を貫くべきだとタクシー料金を受け取らなかった。爆発的に利用が増えたのも当然だ。会員数は五三〇人に達し、八台ではとても対処できない。遠賀タクシーの六台を介護タクシーに「緊急トレード」した。次々にかかってくる予約電話。事務員二人が時間、距離などを勘案しながら不眠不休でさばいていった。期せずして遠賀タクシーは二割程度の減車をしたことになる。その結果、一台当たりの売上は四万円に迫る勢い。タクシー産業に生き残りの道があることをこの数字が示した。

だが、驚いた福岡県介護保険広域連合は、買い物、花見、墓参りなどを本人が望んでも使わせないようにケアマネージャーを集めて指導した。外出は原則的に通院だけ。選挙の投票を例外的に認めるだけだった。

二〇〇〇（平成十二）年九月、こんどは九州運輸局がタクシー料金を受け取らないのは違法であるとして指導を始めた。タクシー業界では無償運送のことを「白タク」といい、タクシーの運賃秩序を壊す行為として道路運送法で禁止されている。しかし、実際には旅館、ホテルの送迎など無償輸送はいくらもある。運賃は宿泊代に含まれているとみなして黙認されている。メディスがタクシー運賃は身体介護の保険料に含まれていると主張するのはこれと同じ理屈である。

メディスを支えたのは世論だった。介護タクシーの利用者が圧倒的に支持し（葉書による訴えが多数、同局に寄せられた）、テレビ、新聞も重ねて声を挙げた。翌年一月、九州運輸局は違法判断を撤回した。

ほっとしたのも束《つか》の間、同年二月には厚生労働省が、介護タクシーを介護保険事業者として認めない方針を示す。介護タクシーに圧倒的な需要があることは百も承知だが、買い物、花見、墓参りは介護ではないと判断したのだ。彼らは、介護は室内で行うものという理念に縛られて、そこから一歩も踏み出そうとしなかった。

運輸行政と厚生労働行政の狭間に芽生えた新サービスは、大海に漂う小舟のように見えた。運輸、厚労両省はそれぞれに業界を抱えている。ジリ貧のタクシー業界にとって介護タクシーは〝救世主〟である。既存の介護業界は〝縄張り〟を荒らされたくないのだった。さらにねじれていたのは運輸側だ。運輸省（中央）は介護タクシーを歓迎しているが、出先の九州運輸局は敬遠した。同業者たちの「やっかみ」に似た反感が、そうさせていたのだろう。全国に二〇〇社とも言われた介護タクシー事業者は、だんだんと姿を消していった。

5

二〇〇四（平成十六）年、国土交通省は、長年続いた運賃制度を一部改定した。

半日、もしくは一日単位で設定されていた貸し切り運賃を十五分刻みで運用することを認めたのだ。旅行以外の目的に使うことも認めるという。取るに足らない改定のように見える。しかし、その深意は、同一地域、同一運賃原則の名の下に事業者を縛っていた体制を根底からひっくり返すものだった。

「業界の横並び構造に風穴を開けませんか」

そのようなメッセージだと木原君は捉えた。他の経営者たちは改定の深意を理解できなかった。

貸し切り運賃は地域によって違う。福岡県の場合、十五分単位にすると八〇〇円弱に相当する。十五分走れば現行運賃ならば千数百円。一切値引きができない。その同一運賃を「半額にしてもいいよ」と言っているのだ。タクシー運賃そのものが安くなれば、かつてのように身体介護の料金にタクシー運賃を上乗せしても問題ではなくなる。木原君はすぐに実施に向けて動き出した。

タクシーの語源は十九世紀ドイツで発明された「タクサメーター」にある。馬車の車軸の回転数から走行距離を割り出して表示したのだ。乱暴な御者《ぎょしゃ》の運賃ふっかけに悩まされていた人々に歓迎され、ヨーロッパ各国に広がった。タクシーとは「料金を測る」乗り物である。メーター会社とタクシー業界の付き合いは長く、古い。新運賃に見合ったメーターを注文しても業界に忖度《そんたく》して応じてくれるはずがない。わずか数十台のために新規開発しても採算が取れないことも事実だ。

度量衡《どりょうこう》は通産省の専権事項である。それでも木原君は独自にメーターを作ることを決意し、産業総合研究所（茨城県つくば市）に通った。

「難しい役所かと思ったら違った。新メーター開発の技術的、制度的な問題点を好意的に教えてくれた」。メーターの設計は北海道の技術者に依頼した。

二〇〇七（平成十九）年。新メーターがこうして完成した。

最初に「八〇〇円」、「十五分〇〇秒」、「五千メートル」と表示されている。動き出すと「十四分二五秒」、「四二一〇メートル」のように時間（最後の一秒まで表示）と距離（最後の一メートルまで表示）が減っていく。時間か距離、どちらかがゼロになると次の段階の料金「一六〇〇円」が表示され、時間は十五分〇〇秒に、距離は五千メートルにリセットされる。この繰り返し。八〇〇円を一単位として刻みながら次から次に走っていく新しい乗り物。その意味を込めて「ＺＯＣ《ゾック》」（ゾーン・コントローラー・キャブ）と命名された。メーターの名前が即ち、サービスの名前である。

私も乗ってみた。信号待ちの度にカチャカチャと上がる既存メーターのようなうるささがなかった。人々はＺＯＣを歓迎した。勤め帰りの女性は幼稚園に子供を迎えに行き、スーパーやコンビニで買い物を済ませて帰宅した。彼女の場合は「時間」を軸にしてＺＯＣを使った。夜は酔客たちがＺＯＣを呼んだ。二、三人で相乗りして帰る。少々回り道しても五キロ、十キロという幅の中に入ればいい。彼らは「距離」を軸にしてＺＯＣを選んだ。無論ドライバーの多くはケア・ドライバー。介護サービスを依頼すれば、すぐに実施できる。

ＺＯＣの安さから長距離利用が増えた。従来のタクシーでは北九州市から福岡空港まで一万数千円かかったが、ＺＯＣは七、八千円。出張のビジネスマンたちの需要も増えた。ある会社の支店長は、私の取材にこう答えた。

「朝、家を出て煩わしいことを忘れて空港に行ける。車内で会議資料を点検することもできる。タクシーは本来、長い距離を乗ってこそ有難いものだと感じた」

木原君が赤提灯《ちょうちん》でこう言った。

「やっと〝觔斗雲〟になった。長い道のりだった」

6

ＺＯＣの成功を同業他社は苦々しい目で見ていた。よし、自分もＺＯＣで売り上げを伸ばそう、とはならなかった。

二〇一三（平成二五）年十二月。九州運輸局から遠賀タクシーに行政処分決定書が届いた。

福岡県鞍手《くらて》郡鞍手町はタクシーの営業区分でいえば筑豊交通圏である。隣町の遠賀町は北九州交通圏。遠賀タクシーが交通圏の域外に出て営業したということへの処分だった。

鞍手町北部、古門《ふるもん》地区（遠賀町に接する）は田園地帯である。営業区分は五〇年ほど前、木原君の父・陽一氏の時代に設定された。古門地区はわずかな数の農家が点在するだけだった。鞍手町には営業台数数台の零細なタクシー業者しかない。古門地区まで手が回らなかった。九州運輸局も、台数の多い遠賀タクシーが〝越境〟してカバーすることを認めていた。以後、この状態が続いていたのだ。

寝耳に水の行政処分だった。区域外営業は同業他社の〝苦情〟に基づいて調査し、当事者の反対意見も聴いた上で九州運輸局が判断、決定する。しかしこのときは九州運輸局からの意見聴取はなく、あまりに一方的な決定だった。

「俺たちの頭越しに制度を変えさせやがって」

九州運輸局は、本省（国土交通省）による運賃制度の一部改訂を苦々しく思っていたのではないだろうか。

木原君は行政訴訟を起こし、二年半の審理を経て勝訴。ついで、損害賠償訴訟を起こした。こちらは九州運輸局が解決金一千万円を支払うことで和解が成立した。和解成立は二〇一六（平成二八）年三月。

ところが、その日のうちに九州運輸局が遠賀タクシーの査察に入り、朝礼での点呼の不備、業務報告書の不備で新たな行政処分を決定した。行政処分はポイント制。ある点数を超えると悪質業者と見なされ、営業許可の取り消しに至る。

九州運輸局は、営業許可の取り消しを狙っているとしか考えられなかった。営業許可を取り消されれば廃業するしかない。行政側の〝伝家の宝刀〟たる由縁《ゆえん》だ。

木原君にしてももう少し「うまく」やれないものか。そこまで突っ張らなくても。私の中にそんな考えがよぎった。しかし、一歩譲れば、百歩譲ったも一緒。業界の横並び体質から抜け出せなくなる。新しいサービスを創造するとは、そういうことである。

このままでは潰される。

方法は一つしかなかった。遠賀タクシーの負債を整理して、自身は経営から身を引く。これ以外に会社を残し、従業員の生活を守る手段はない。債権者に負債の九割を放棄してもらうための債権者会議が始まった。

タクシー業界は不況にあえいでいた。耐えきれず倒産する会社が全国的に相次いだ。木原君は新規メーターＺＯＣを独自開発して軌道に乗せた。他社もＺＯＣを導入すれば新規需要を掘り起こすことができたはずだ。人が動けば地域経済も発展する。木原君は他社に対し、売り上げの数パーセントをＺＯＣメーターの使用料として支払えばＺＯＣを導入できるような仕組みにしたいと考えていた。そうすればメーター開発などに費やした負債も返済できただろう。

木原君の無念を思うと私には言葉が見当たらない。しかし、彼は諦めなかった（「あとがき」にその後のことを記した）。

ミロク先生との出会い

1

高いビルがなく空が広い。冬場は晴天が続く。青が深く透明である。昔の人はこの青に憧れて青磁という焼き物を生み出したのではなかろうか。

私は二〇〇一（平成十三）年から宮崎総局にデスクとして赴任した。初めての単身赴任。宮崎は時間がゆっくりと流れ、人々の表情が豊かだ。

宮崎版に「週末ガイド」というコーナーがあった。一年生がやるような行楽・イベント情報欄だが、人員縮小され「デスクでございい」とふんぞり返っている余裕はなかった。

画廊や画家から送られてきた個展のＤＭを見て数行のお知らせ記事で紹介する。当時の私には美術の知識がない。文化面の記事で頻繁に使われる「タブロー」や「マチエル」などの単語すら知らなかった。「何、かまうことがあるものか」と記事を書いていたが、一年ほど続けるうちに心が疼《うず》き始めた。いくら何でも一度も絵を見ずに案内記事を書くのはいかがなものか、と。

二〇〇二年二月のある日、ＤＭが届いた。「弥《み》勒《ろく》祐《すけ》徳《のり》絵画展」。一枚の葉書が不思議な旅の始まりだった。

宮崎では最大手の青木画材店。二階がギャラリーになっている。階段を上がると大作ばかり七、八点。絵のタイトルも値段も書いていない。来場者の芳名録もない。誰もいない。売ろうという物欲しげな視線が見当たらない。

畳大のキャンバスに黒い和服姿の人物が大きく描かれている。丸く結い上げた髪にかんざしが見えるから女性のようだ。片方の乳房をさらけ出し両手を広げ、体をひねってこちらを睨みつけている。周りで人々が踊り、笛を吹き、太鼓をたたいている。女性の目と視線が合った瞬間、私は腰の辺りをドーンと突かれたような衝撃を受けた。立っていられない。よろよろと椅子に座り込んだ。

――何だ、この絵は？

しばらくすると作者が現れた。弥勒祐徳先生である。小柄な人だった。茶髪にワシ鼻。混じりけのない笑顔。絵具まみれの作業服。ズボンは左だけ膝までめくり上げられている。

「昼飯どん、食うちょったかいよ」

方言がきつい。何度も何度も聞き返しながら会話した。

宮崎は神楽が盛んである。三三番の演目は神代《かみよ》の時代から始まり、現代に至るまでの村人たちの叙事詩。狩猟生活を描く山の民の神楽もあれば、漁船にご神体を乗せて沖に出る神楽もある。

作品は西米良《にしめら》村の村所《むらしょ》神楽。件《くだん》の女性は山の神だった。

神楽は大宇宙との交歓である。村人たちは人生の喜怒哀楽を丸ごと受けとめたように夜を徹して舞い踊る。それにしても山の神の顔の恐ろしいこと。夢に出てきたらうなされそうだ。

2

絵のことが気になって仕方ない。個展から一ヵ月ほどしたとき、青木画材店の青木脩《おさむ》氏を訪ねた。

「弥勒先生の一代記を書きたいのですが、どう思われますか」

「ぜひ、お願いします。何でも協力します。宮日《みやにち》（宮崎日日新聞）は書いてくれない。弥勒先生は宮崎の宝なのに。でもねえ……」

青木さんが指を折りながら数え始めた。

「朝日、毎日、読売、日経、ＮＨＫ……。みんな取り上げたいと言ってくれた。でも書けなかった」

地元紙の宮日が特定の画家に肩入れしにくいのは分かる。だが、全国紙の記者たちが書けなかったとは。先生への食い込みが足りなかったに違いない。私はお気楽に構えていた。

宮崎総局から弥勒先生が住む西都《さいと》市三納《みのう》まで約三〇キロ。車で五〇分ほど。菓子折りを持参した。

弥勒家の庭先にイーゼルを背負ったゴッホの像が立っていた。先生自ら杭を打ち鉄筋と針金で芯を作ってセメントを塗り込んだ素朴なものだ。高さは一・五メートルばかり。早春の光を浴び、周りに菜の花が咲いている。ヒマワリ畑を思わせた。

弥勒先生はいつものように絵具にまみれて庭で絵を描いていた。来意を告げると、

「いいですヮー」

と仰せである。

翌週から「弥勒詣《もう》で」を始めた。夕方宮崎を出て自宅にお邪魔し、深夜に帰宅する。

弥勒先生は当時八三歳。老々介護の日々だった。脳卒中で倒れ、意識をなくしたまま近くの病院に入院していた妻マスエさんを自宅に引き取ったのだ。

ほどなく私は弥勒家に泊まり込むようになった。夜は先生と焼酎を酌み交わし、翌朝、弥勒家から出勤した。

「夜、父が一人でいるより、イノクチさんが泊ってくれたら心強いっちゃヮ」

娘さんはそのように言ってくれた。先生は黙々と介護である。週三回のお風呂。毎日清拭《せいしき》し、挿管して痰《たん》を取る。宮崎市民の森病院の院長、濱砂《はますな》重仁さんがこう語る。

「拝見すると、肌が真白だが、貧血はなく、それはそれは清潔で、やせていたけれど、幸福そうな顔をされていた」

弥勒先生はベッド脇に椅子を出して毎日マスエさんを描いた。画用紙の余白に添え書きされている。

「二〇〇二年四月十三日　今日は目をはっきりあけていた。ここ五、六日熱が七・二〜六・三度を前後している。

二〇〇二年四月十四日　つかれたのか目をあけない。

二〇〇二年四月十五日　今朝は目を開かない。うめき声がきこえる。何か心配だ。今日もがんばろう」

弥勒先生の介護絵日記はマスエさんが亡くなるまで続いた。全部で一八〇〇枚。後に出版された(『語れぬ妻へ』石風社、二〇一一年)。

私は先生の作品を飽かず眺めた。古墳群で有名な西都原《さいとばる》。その桜並木を描いた作品が多数あった。画面から吹いてくる穏やかな風を感じ、時が経つのを忘れた。そのようにしてひと月が過ぎた。そろそろ本格的な取材を始めよう。

「先生は子供のころから絵が好きだったとですか」

「好きじゃったッよ」

「最初に描いた絵を覚えていますか」

「……」

そこで止まって先に進まない。先生は貝のようになってしまった。ときどき、「いかんですなあ」とか「そりゃ、いいちゃワ」と相槌《あいづち》を打つだけである。そのようにしてさらに一ヵ月が過ぎ、私は焦り始めた。これまでの記者たちが書けなかったというのは、この〝沈黙〟のせいだったのだ。

3

当時の宮崎総局は、総局長、県庁担当のY君、県警担当のM君（女性）と庶務担当者（女性）と私。支局は都城と延岡にあり総勢七人。常に原稿が不足気味。役所が休む週末は特に原稿が薄い。記者クラブ発の情報がないからだ。「六月から長期連載を始めたい」という私の希望は仲間たちに歓迎された。ただ、四月も終わろうとするのに一本の原稿も書けていない。

よし、時間と場所を変えてみよう。朝から先生のスケッチに同行した。画材を詰め込んだスズキの軽自動車「ワゴンR」。屋根に一〇〇号のキャンバス（それは二つに折りたためるようになっている）が括《くく》りつけられ、車内は画材でいっぱいで同乗する余地はない。私は車で後を追った。

ワゴンRは大きな楠の近くで停まった。先生はイーゼルを立てキャンバスを据え、飛ばされぬよう紐《ひも》で固定した。太いチューブから黄土色の油絵具を搾り出して絵筆で掬《すく》い取り、下書きもないキャンバスにたたきつけていく。複雑にうねった根方を写して画面の下三分の一ほどが黄土色の線で埋まった。

「木は根っこで地面を捕まえちょりますな。そこを描かんと木ではありませんな」

先生は絵筆を置いて幹に近寄り、遠ざかり、再び絵筆を握って線を引く。また絵筆を置いて楠の周りを回り、枝を見上げる。これを繰り返すうちに幹が見えてきた。枝も広がり始めた。先生の超速画法に接していると、私もやってみたくなった。

「描いてみやらん」

画材店で絵具やスケッチブックを購入して、そのうちにという気持ちだった。先生は車に戻り、十号のキャンバスと道路工事に使う太い木杭を持って来た。ワゴンRは何でも積んでいる。木槌《きづち》で杭を打ち、細いロープでキャンバスの木枠を縛り付ける。煎餅《せんべい》が入っていた鉄箱の蓋《ふた》がパレットになった。

「がんたれ（粗末な、ボロな）じゃが、これを使えばいいがァ」

筆と絵具は先生ともやいである。中学校の美術の授業以来、私は三十数年振りに絵筆を握った。自身と楠の間には地面があり、その先に根方があって幹があり、枝が伸び、傍らに神社の屋根が見え、青い空が広がっている。私は見えている順番に描いていった。

「ハハハハ。イノクチさんの方が（自分より）大家《たいか》じゃな。しかし、シャガールの絵は人物が宙に浮いちょりますな」

視点を移さず一点から描くのが西洋絵画の基本である。その意味ではあなたの方が基本に忠実なようだ。だが、シャガールが描いた男と女は宙に浮いている。常識が転倒している。構図、配置を計算して描くあなたの絵は常識的だが、それでいいのか。あなたが描きたいものは何なのか、常識や計算を描きたいのか。私は楠の命を描きたい——。

弥勒先生の短い言葉を翻訳すれば、そのようなことだろう。

その後、先生のキャンバスは様々な色で埋まっていった。一〇〇号の大画面をほとんどその場で描いてしまった。楠の根方が微妙にうごめき、枝や葉が揺れているように見える。錯覚だろうか、絵が動いて見えるのだ。そんなことがあるだろうか。

「動かん絵は綺麗なだけの装飾品でよ。美ではありませんな」

美と醜が互いに引き合う。その引力が強ければ強いほど値打ちがある。引力がないものは装飾品に過ぎない。弥勒先生の持論である。

4

弥勒家の鴨居には十枚ほどの絵が掛かっている。先生の子供たち、孫たちである。そのうちの一枚と壁の隙間からセピア色の別の画用紙がはみ出していた。

「先生、あれ、何ですか？」

画用紙を抜き出して積年の綿ぼこりを払うと一枚の水彩画が現れた。

「〇〇寺じゃな。仲間の××とスケッチに行ってよ。途中から雨になって、絵具が流れてよ……」

先生は何十年も前の絵のことを昨日のことのように語り始めた。もしかして弥勒先生の記憶は画像として脳細胞に刻まれているのではないか。

「先生が初めて絵を描いたときのことを、絵に描いてもらえませんか？」

「ああ、ええですヮ」

翌週、丹念に描き込まれた水彩画が私を待っていた。

弥勒先生が三納尋常小学校五年のとき、下猶《しもなお》一雄という師範学校出の先生が赴任してきた。下猶先生は月給三〇円の高給取りだが村の財政が厳しく給料の遅配が続いた。下猶先生は弥勒家の近くの旅館に下宿して、弥勒少年ともう一人を誘ってスケッチに出かけた。山頂で食べた握り飯がうまかった。当時、米一升三〇銭、鉛筆一本三銭、日雇い労働者の日給が五〇銭。水彩絵具は一円もした。宮崎まで行かないと買えなかった。下猶先生が画材店に注文してくれた。クレヨンも高かったが、母シヅホは黙って買ってくれた——。

弥勒先生は湧き出す泉のように語り始めた。

5

弥勒先生は一九一九（大正八）年二月の生まれ。第一次世界大戦が終わった直後である。

弥勒先生の父、亀次郎は刑務所の看守をして定年退職。村人から一目置かれる教養人だった。出征兵士の名前を幟旗《のぼりばた》に大書するのはいつも亀次郎の役回りである。ただ、農村にあって田畑を持たぬ一家の生活は苦しかった。亀次郎は骨董品を買い込んで古物商の真似事をしたり、鉄砲を担いで山に入り、雉《きじ》を打って食の足しにした。

「雉がおらん時はカラスを打ってきましたな。カラスの肉は、えれ、臭《く》せかった」

母、シヅホは豆腐を作った。一丁五銭で二〇丁、一日一円の現金収入だった。当時、中学に進学するのは村で三、四人しかいなかった。

「学問で身を立てるしかない」

弥勒少年を中学に進学させたのは父の考えからである。一家の生活はいくらか金を貯めて使うというような、そんな暮らしではなかった。

「その日、その日が明日のための戦争じゃった」

学費が滞り、三年生のときについに出校停止を言い渡された。弥勒少年はそのことが言い出せず、学校に行くふりをして西都原台地で写生した。雨の日は五智《ごち》堂で雨宿りし、木切れを拾って小刀で刻んだ。五智堂には生涯に三千体の仏像を彫ったという江戸時代の僧、木喰上人《もくじきしょうにん》の五智如来が鎮座する。

放校処分になる寸前、父に打ち明けた。父は恩給を担保に借金して三ヵ月分の学費を捻出したのだった。卒業まであと半年となった五年生の秋、父が急死する。

「脳卒中じゃったとでしょう。朝に倒れて夕方には息を引き取っちょった。医者もおらんかいよ」

弥勒少年は村役場の手伝いをしながらどうにか卒業することができた。四つ上の兄は招集を受けて熊本の連隊に入隊。大阪の工場に勤めていた姉が結核で帰らぬ人となる。二五歳だった。

「私たちの生活費を稼ぐために無理をしたとでしょうな」

続いて兄も結核で亡くなった。二二歳だった。

「母一人、子一人になってよ。自分はどうしても生き抜かねばならんと思うたですな」

悲壮な覚悟である。中学を出てもなかなか職はなく、村役場に一年、信用組合に半年と食いつなぎ、小学校の代用教員に採用されたのは一九三八（昭和十三）年である。

*

いつものように弥勒家を訪ねると絵が出来ていない。困った。週一回の連載だったがストックがない。「今週は休載しました」というお断りを出すのは辛い。総局の仲間たちにも迷惑をかける。

「今から描きますワ」

よほど私が困った顔をしていたのだろう、弥勒先生は寒川《さむかわ》小学校の代用教員時代の記憶を呼び起こして絵筆を動かし始めた。

寒川集落は西都市中心部から二〇キロ。国見山（一〇三六メートル）の南麓、標高四〇〇メートルほどの斜面に三〇戸ばかりの民家が張り付く、狩猟と木炭の産地だ。かつては民家一五〇戸、旅館も二軒あったという。先生が着任する前年に大火があり、八〇戸ほどが焼失して多くの人が離村した。

三角の尖った山が国見山。滴るような緑である。小学校から石段を上ると天神さま。下ると集落である。弥勒先生は校舎に隣接した教員宿舎に寝泊まりした。人々は神楽を舞う。傍らには鹿が遊んでいる。

「神の子たちがおりましたなあ」

弥勒先生の筆が止まった。（取材の時から）六五年も前のことである。記憶が飛んでいても仕方ない。黙っていると先生は画用紙を裏返し、鉛筆でこう書いた。

「神の子がいた。子供たちは暗いうちから火をおこし、私の飯を焚いてくれた。朝には、冷たい水が湯になっていた。天神さまに登ったとき、子供たちは落ちそうな石があると安全な場所に移動していく。小さな落石が大事故につながるからだ」

6

弥勒先生には四年半の従軍経験がある。入隊は旧満洲国ハルピンの陸軍航空隊。航空機の整備を担当した。極寒の中国大陸から炎暑のシンガポール、ミャンマー、ニューギニア。一九四四（昭和十九）年夏、部隊がフィリピンに転戦する際に立ち寄った門司港で招集解除となった。終戦の一年前だった。

先生は軍隊時代のことを語ろうとはしなかった。当時の絵も描かない。ただ、焼酎に酔うと切れ切れの言葉が飛び出すことがあった。

「（部隊の）後ろん方からついてさるきよったかい、自分では一発も撃たんかった。それだけが救いじゃった」

虫一匹、殺すのが嫌いである。

「お前のような兵隊がおったから日本は負けたんじゃと、本気で言われたことがありましたなあ」

「フィリッピンに行った戦友たちはほとんど帰って来んかった。悪夢でしたなあ。四〇過ぎまで、毎晩のように悪夢にうなされちょった」

死者は圧倒的な力で生者の魂を支配する。弥勒先生の初期の絵は「暗澹《あんたん》」などという言葉では語れない。どんな対象をどのように描いても、その心中に去来するものがどうしようもなく画面に滲《にじ》み出てくる。人間集団の闇、不条理。先生の筆先はそこに向かっていく。

連載の舞台は戦後になった。物のない時代である。弥勒先生の絵はまず塩づくりの場面から始まった。青年団の面々が村から二〇キロ離れた海岸まで荷車を押して行き、蒸発させて濃縮した海水を海岸の木切れを集めて「塩焚き」する。塩は配給制だったが、とうてい足りない。浜に泊まり込んで三日がかり。二俵の塩が取れた。鉄分を含んだ真っ赤な塩だった。

当然、絵を描くのにも難儀した。まず絵の具がなかった。近所の煙突を掃除して集めた煤《すす》で黒を作った。浜辺で拾った貝殻を粉にして膠《にかわ》で固めて白を作った。板にドンゴロス（麻袋）を貼り、自前の貝殻白で目地《めじ》を埋めた。絵に突き動かされる弥勒先生。正気と狂気の尾根道を歩いていたといっても過言ではない。名画をコピーしたがすぐに挫折した。

「元来、真似るちゅうことができん質《たち》でよ」

思い悩んでいるその眼前に大きな蛾が一匹、翅《はね》を広げてとまった。弥勒先生は膝を打った。

「蛾を見たら誰でんドキッとしますなあ。そこに何かがあるはずじゃち、思うたですヮ」

ドンゴロスの画面いっぱいに描いた「蛾」。「群蛾」、「銀蠅」というタイトルの絵もあった。畳一枚もある画面に描かれた銀蠅（私はそれらを見たかったが、個展会場の火災によって焼失している）。宮崎市までリヤカーで運び個展を開いた。

「君の絵は汚い。とにかく汚い。宮崎画壇に弥勒君がいなかったら、どんなに清々《せいせい》するだろうか」

地元の画家たちは悪態をついた。一方で詩人たちは評価した。

「牛の内臓をぶちまけたような赤。宮崎の土俗が描かれている」

宮崎県展に毎年応募した弥勒先生が初めて特選をとったのは一九六〇（昭和三五）年。画家たちはまぐれだと嗤《わら》った。だが一九六二年にも特選。作品はアンフォルメルの抽象。審査委員長は高名な美術評論家の河北倫明《かわきたみちあき》だった。画家たちは黙り込むしかなかった。

宮崎では宮崎日日新聞社主催の宮日展が県展と並ぶ権威である。こちらは二回特選を取れば無鑑査作家に列せられる。一回目の特選は早かった。だがそこから落選が続いた。

「落とされ続けてよ。焦りましたなあ」

弥勒先生は全く美術教育を受けていない。暗い夜道を独りで歩くような画業である。公募展での入選が唯一のバネだった。宮日展二度目の特選は一九七六（昭和五一）年。審査員はゴヤの研究で知られる美術評論家の坂崎乙郎《おつろう》だった。その選評を紹介する。

「弥勒さんの作品を見たとき、この人は宮崎に埋もれるつもりで描いていると思った。日本は今でも中央集権の貧しい国だが、彼の絵にはそうした中央への物欲し気な視線が全くなく、素朴で野卑《やひ》で、哀しく、よろこびを知った群衆が、誕生から埋葬までの生の縮図を繰り広げているのだった」

この年、弥勒先生は県展でも特選。「宮崎に弥勒あり」と呼ばれる存在になったのだった。

7

連載は六〇回、一年半に及んだ。途中、人事異動の時期があった。総局長は「先生の絵を本社に送ってもらって電話取材で原稿を書くことができないか。君も大事な時期だ。断らないのが身のためだ」

と助言してくれた。私のサラリーマン人生を気遣ってくれたには違いない。それが浮世の常識というものかもしれない。しかし、弥勒先生に電話取材などできるものではない。

新聞は月極めの宅配である。日々の記事一つでどれが良かったから「売れた」。どの記事がまずかったから「売れなかった」ということは、まずない。宅配制度は新聞社の経営安定に寄与した。経営安定は自由な言論を根底で支える。だが、光が当たれば陰もできる。読者による直截《ちょくせつ》な批判がない分、社内では好き勝手な親分子分の派閥ができやすい。

宅配とは別に駅やコンビニでの即売がある。弥勒先生の連載を始めて数ヵ月すると「コンビニに行ったが売り切れていた」と宮崎総局に買い求めに来る人がポツポツ現れるようになった。そんな声が本社に届いたのだろうか、販売局から連絡が入った。日曜日だけコンビニに送る宮崎版を五〇〇部増やすという。輪転機を高速で回せば数分。この程度の数字で新聞経営を云々するには当たらないが私の小さな勲章である。

私は宮崎を離れた後もしばしば弥勒家を訪れて先生とスケッチに出かけた。日南海岸、霧島連山、尾《お》鈴《すず》山、西都原の桜、各地の夜神楽……。

一〇〇歳を記念した大規模な展覧会が宮崎県立美術館市民ギャラリーで行われた。四会場をぶちぬいて大作が並んだ。その後はコロナ禍でお会いすることができない。先般、小品展の案内状が届いた。弥勒先生も罹患されたが症状は軽かったという。一〇四歳。今も元気に絵筆を走らせておられる。

電脳界の巨人

1

日本語について考えたのは宮崎勤務時代だった。新聞読者の高齢化で一行十五字から十三字（そして現在は十二字）へと移行したところである。活字が大きくなった分、一ページに入る原稿の量が減った。伝えるべき内容を減じることなく原稿の行数を減らす必要がある。私は日々腐心した。後輩たちの原稿も削りこんだ。

たとえば「彼は○○していた」を「彼は○○した」とすれば二文字減る。だがニュアンスが違う。

「彼は歩いていた」

「彼は歩いた」

何とも微妙だ。私たちは作家ではない。そこまで考え込む必要なないのかもしれない。

「私は」と「私が」でも悩んだ。「私は」は私という一般概念。「私が」は特定の個人。例えば井口幸久である。とはいえ、形式的に右左を決められない。「吾輩は猫である」を「吾輩が猫である」としたらどうか。漱石先生にご高説を賜りたいところである。

日本語の最大の特徴は主語を省略できることだと私は思う。

「彼女が好きだ」。「彼が嫌いだ」。「今日は天気がいい」。

これが英語ならば主語が要る。主語を省略できるということが日本語の表現を様々に飛躍させる。しかし、危うい。

どの新聞にも「社説」がある。「社」の説というが、「西日本新聞社」という書き手は存在しない。誰か個人が書いている。それはだいたい三段構えである。

①いまAという事柄が起きている②由々しき事態である③Aを撲滅しなければならない。

①は明らかに社説を書いた人の認識である。個人の認識であるにもかかわらず②では多くの人がそう考えているような姿を纏《まと》っている。③では「撲滅せよ」という国民の総意であるかのように綴られる。「偉そうな物言いだなあ」。私は入社前から社説というものに馴染めなかった。こういったことが違和感なく自然に流れていくのが主語を書かずに記述できる日本語の特性であろう。大正時代のデモクラシーを謳歌した世論があっという間に軍国主義に変わった底流であると私は思う。

私は東京本社で社説を書く論説委員を命じられた。毎朝の会議でその日のテーマと筆者が決まる。当たった日はうんうん言いながら書くのだが、どうしても「自分の調べた限りでは」とか「私はそう思う」という調子になってしまった。それがすっかり本社で書き直されて、翌朝は見慣れた「社説」に変身している。

使い物にならんと判断されたのだろう、一年足らずで論説委員をお払い箱になった。編集委員となって東日本大震災の現場などを回ることができたのは望外のことだった。私は現場が好きなのだ。

2

村尾忠孝《ただよし》さんを知ったのは、西日本新聞社の先輩からの取材依頼だった。

村尾という人が事務所を画廊にして山下純司さんという画家の絵だけを展示している。まるで私設美術館だ。見に行ってくれないか――。

私はメモを見ながらその地を訪ねた。東京駅八重洲口から歩いて三〇分ほどの場所だった。

村尾さんは気さくな笑顔で出迎えてくれた。壁には大小二〇点ほどの絵が掛けられている。鮮やかな青はエーゲ海。白黒のモノトーンで描かれた冬のパリ。静物、花。どれも混じりけのない色彩。ひた向きな精神が画面に滲《にじ》んでいた。山下さんは長崎県出身、パリに住み暮らす画家である。村尾さんは数回パリを訪れ、作品を購入した。ネットに売りに出されていた彼の作品もすべて買い上げた。

村尾さんの会社は社員二〇〇人ほど。日本経済を支える大規模のコンピューターシステムを構築し、運用、保守する。仕事の特性から、課長、部長といったヒエラルキーはない。一人一人が明確な責任範囲を持ったシステムエンジニア（ＳＥ）である。

「文系理系は関係ない。論理的な思考ができればいいからね」

以前の事務所には社員たちの机、椅子があったが、現在は相手企業に出向いて仕事をしている。

「今はＵＳＢ一本でも持ち出して外で仕事することが許されなくなった。自前のオフィスが要らんごとなってねえ」

空いたスペースに山下さんの絵を展示している。セキュリティーの関係で村尾さんの会社がどこのシステムを運営しているかなどを記すことはできない。私たちが日々、お世話になっているシステムである。

3

村尾さんは中国・撫順市で生まれた。父・輝雄、母・カツ子の長男。上に二人の姉がいた。村尾さんが生まれたのは一九四五（昭和二〇）年八月十四日。終戦の玉音放送が流れる前日である。

輝雄さんは南満洲鉄道（満鉄）撫順炭鉱で潤滑油製造部門の技師をしていた。村尾家はもともと福岡県大牟田市で医院を開いていたが、輝雄さんは医者にはならず化学を学んで満洲に渡り、一九三四年から満鉄撫順炭鉱に勤務した。大牟田市には三井三池炭鉱があり、石炭化学工業が盛んであったことが影響したに違いない。輝雄さんは実家の村尾医院で看護婦をしていたカツ子さんと見合結婚。カツ子さんは一九四一年、満洲に渡っている。

撫順炭鉱では石炭の露天掘りが実施された。炭層の上に分厚い油母頁岩《ゆぼけつがん》（オイルシェール、推定埋蔵量五〇億トン）があり、これを原料に製油工場を興して重油やガソリンなどを生産した。満鉄は撫順炭を熱源として製鉄所や発電所を建設し、事業の電化、近代化を推し進め、日本海軍にも燃料油を供給した。アルミ精錬のほかセメントも生産。資源の乏しい日本にとっての生命線であった。

一九四五年八月十五日は国内では終戦日だが、現地では試練の始まりだった。八月九日、日ソ不可侵条約を破棄してソ連が侵攻を始め、十五日には撫順から一〇〇キロの地点に迫っていた。日本人に雇用されていた中国人労働者は掌を返したように工場には出てこない。国家の庇護を失った人々は浮足立った。関東軍は武装解除されてシベリアに送られていく。ソ連軍は撫順炭鉱や鞍山製鉄所のプラントを取り外して本国に持ち帰ることに忙しかった。その輸送トラックのガソリン製造を撫順炭鉱の日本人従業員に命じた。

かつての中国人従業員の誤解に基づく密告で輝雄さんは中国共産党軍に逮捕監禁されたりもしている。帰国の途に就いたのは翌四六年七月。撫順から無蓋《むがい》車に三十数時間揺られて錦《きん》県へ。十二日間の収容所暮らしを経て、葫蘆《ころ》島から引き揚げ船に乗ることができた。

輝雄さん三二歳、カツ子さん二四歳、姉晴子さん四歳、次姉和子さん二歳、村尾さんはまだ誕生日を迎えていない。佐世保港に上陸して故郷の大牟田に戻ったが、灰燼《かいじん》に帰した市街地は焼け跡の煙の臭いが残っているような状態。一家は大牟田市に隣接する熊本県荒尾市の小岱山《しょうたいさん》の麓に小屋を作り、雑木を切り倒して炭を焼きながら、わずかな畑を開墾した。ほぼ自給自足の暮らしだった。

太宰府市に移ったのは一九四九（昭和二四）年ごろ。輝雄さんは農家と交渉して土地を借り、化学の知識を活かして果樹園（主にミカン農家）向けの肥料の生産を始めた。戦後復興の一環としてミカン栽培が始まっていたのだ。やがて人々の生活にもいくらかゆとりが出たのだろう、バラのための園芸肥料も売れ始めた。事業は拡大、一九五二年ごろにはダイハツのオート三輪で福岡市内を走り回った。

「親父は自動車のブレーキシュー（制動子）まで修理、交換していたねえ。ちょっとした自動車整備工場よ」

春日市にあった米軍基地から放出される廃材は資源の宝庫。引き取ってさまざまに再利用した。

「米軍さんが野球するやろうが、折れたバットが出る訳よ。釘を打って丁寧にテープを巻いて、草野球では一流品やったね」

真空管、コンデンサー、抵抗器にバリコン（可変容電器）。部品を集めて組み立てたラジオから音が出た時の感動は忘れられない。野山を駆け巡る野生児。山芋掘りの名人でもあった。

中学、高校生のころは真っ黒になって家業を手伝った。いつの間にか旋盤や溶接も覚えた。夏の炎天下に溶接のマスクを被ると汗と熱気で意識が遠のくような思いだったという。肥料の出荷は重労働。俵に詰めてオート三輪で国鉄二日市駅に運ぶ。貨車への積み込みは人力。村尾さんは従業員たちに交じって働いた。

「オート三輪の荷台から貨車に板を渡し、その上を俵担いで運ぶっちゃが、そりゃあ、鍛われたぞ」

一九六四（昭和三九）年春。筑紫中央高校を卒業した村尾さんは山口県の宇部工業短期大学（現在は宇部工業高等専門学校）機械科に進学する。旋盤も溶接もできたが、技術を支える論理を学びたかったという。同年十月には東京オリンピックが開かれた。

♪ハァ〜、あの日ローマでながめた月が（ソレ、トトントネ）
　きょうは都の空照らす（ア、チョイトネ）

「東京五輪音頭」が巷《ちまた》にこだました。この国は高度成長の真っただ中にあった。

4

本人の口からは語られないが、抜群の成績だったに違いない。宇部工業短期大学での二年間を終え、恩師の骨折りで九州産業大学工学部に助手の職を得た村尾さんはそこで初めてコンピューターと出会う。

「オキタックだったかなあ。沖電気の製品よ。あのころが出始めだった」

教室で使うさまざまなプログラムを作る日々。村尾さんは持ち前の探求心を発揮して、ＮＥＣ（日本電気）のコンピューター講習会を受けた。

「年に四回だったかなあ。天神に出かけてね」

電機メーカー各社は競争でコンピューターを作る時代。「ウチ（ＮＥＣ）に来ないか」と誘われて試験を受けた。入社は一九六七（昭和四二）年十二月。東京本社に配属された。

「技術屋さんも現場に出て営業よ。変数が十六も十七もある連立方程式を解くプログラムを作って実際に動かして、A社は四〇分かかるけど、うちは三五分で解けました、とかねえ」

一九七〇年の大阪万博。全体テーマは「人類の進歩と調和」。もはや戦後は終わった。日本人には明るい未来が待っているのだと謳《うた》いあげた。住友グループのテーマは「童話と科学の結婚」。映像と人形による連鎖劇。脚本・谷川俊太郎、音楽・山本直純《なおずみ》、美術・和田誠、ナレーター・芥川比呂志《ひろし》などの名前が並ぶ。いわゆる「万博芸術」である。

「住友童話館」と名づけられたパビリオンの設計は大谷幸夫《さちお》に任された。大谷は建築界のドン、丹下《たんげ》健三の右腕と言われた人物である。大谷と大谷研究室の若手建築家たちは自由自在に手を動かして線をひく「メラメラ書き」で構想を練った。メラメラと書いた線は九つの球となり、シャボン玉のように浮いている。子供の落書きのような無邪気さが住友童話館のコンセプトになった。

木村俊彦は建築の基礎となる構造計算の分野でこの国を代表する大家《たいか》である。木村は当時四〇代初め。構造設計家として独立し、東京・六本木に事務所を構えて油が乗り切っていた。大谷研究室が描いた基本構想図を眺めながら、

「微笑ましい童心のようなイメージに感じられた。だが、果たしてそんなことが実際の建築として、構造として可能であろうか。一体、誰がどのように計算し、施工するのか」（「月刊カラム」No.33、八幡製鉄所株式会社内カラム刊行委員会）

と、他人事のように眺めていた。知的好奇心をくすぐられていたのだろう、大谷の依頼を受けて構造計算を引き受けた。

「最初の一年は構想を練り続け、その後の一年半はフラフラになるほど式を書き、計算し、ディテールを考えた」

建物の構造は長年の経験と勘によって培われてきた。柱、梁、筋交い、瓦の重さ……。住友童話館は全く違った。地上六〇メートルの高さに展望台があって観客は全体を見渡すことができる。その途中から空中に浮遊する九個の球体を巡る。複雑怪奇な形は人間の経験範囲を超えている。そこには明快な論理に基づく緻密な計算が不可欠である。木村は理論と計算手順を考え抜いたが実際の計算はコンピューターを駆使しなければ太刀打ちできない。そのプログラムは遅々として進まなかった。

計算を担当したのが住友グループ企業のＮＥＣ。当時最速の大型コンピューターを前面に押し出しての支援だったが、用いられた数式の難解さに担当者（この人物は数学の専門家だった）は途中で挫折してしまった。

「村尾君、学生時代に材料力学を学んだ経験を活かして何とかしてくれ」

ということになった。

5

プログラム作成に当たって木村が手書きしたＡ３用紙八枚のメモがある。それは木村の推論、考え方を示した構造計算のための指示書、手引書とでもいうべきものである。湿式コピー。当時これを「青焼き」と呼んだ。その青焼きを見ても私には何のことだか、さっぱり分からない。五〇年も前のこと、村尾さん自身も思いだせない。私は数学に強い数人（大学教授も含まれていた）に解説を請うたが、誰からも答えは帰ってこなかった。村尾さんは八枚の青焼きを睨みながら格闘した。

住友童話館の構造計算に求められるのは、

四一質点、六五部材による連成振動を三次元空間のすべての方向の振動（ｘｙｚ軸の三方向の振動と、ｘｙｚ各軸周りの三方向廻転振動）を同時に解析しようとするもの——である。既存の解析学的手法の延長では到底計算できない。ではどうするか。これまでにない発想が求められた。

一つの部材の両端にかかる力（押す、引く）と回転（ねじる）の在りようを割り出し、その状態がこの構造全体でどう釣り合い、適合を保っているのかを計算する。そういう状態は数十元の連立方程式を解くことによって求められる。さらに次の状態。仮に一秒後の釣り合いと適合の状態を求めて、この多元連立方程式を解く。さらに一秒後。さらに一秒後。

そのようにして求めたものは、時間の経過とともに変化する。その変化には何らかの関係性があり、これを数式で表現すればいい。関係性が表現できれば、時間の変化を逆にたどり、最初の状態から時間を追って順に解析していけば、目的が達成される。それはちょうど映画やアニメーションのように、静止画像の連続が動いて見えるのと似ているのかもしれない。

村尾さんは独身寮に寝起きしながら大型コンピューターを使って木村の立てた計算式をプログラムしていった。一つのかたまりを計算するのに数時間かかった。全体では数十時間を必要とする膨大なプログラムである。結果を打ち出す紙の量は段ボール箱一杯にもなった。その紙束を背負って六本木の木村事務所に通った。

「毎日が東京ボン太よ」

東京ボン太というお笑い芸人がいた。唐草模様のジャケットを着、背中に大きな白い箱を背負って様々な場所に出没してボケをかます。重い課題を背負った人間の苦しみ、哀しみ、可笑しさを笑いに変えて人気を博した。コンピューターが出力した白い紙束を抱えて木村事務所に通う我が身をそのようにたとえた。

結果を見ながら木村は様々に注文を付けた。

「〝不定だ〟、〝不能だ〟ってねえ。ほとんどはダメ出し」

徹夜でプログラムを修正して朝に木村事務所を訪れる日々。事務所には伊藤久枝さんという女房役の建築家（住友童話館の担当者）がいて、ご飯と味噌汁を出してくれた。

この仕事は「青白き秀才」タイプには無理だったろう。野球ならば地肩の強い速球投手でなければ歯がたたない。プログラムは少しずつ前進していった。

ぼんやりとゴールが見え始めたとき大きな壁に突き当たった。演算結果が暴れ、修正を重ねても収まらない。木村自身が「桁落ち」と呼ぶ現象だった。

木村は数学を使って構造計算を構想し、その手順を表現した。それは人間の思考という大脳の世界である。村尾さんの仕事は大脳が描いた世界をコンピューターという有限の計算装置で現実に引き直すことである。観念と現実。どこかに根源的な矛盾が潜んでいたのかもしれない。

容赦なく時は過ぎ、締め切りが迫った。苦吟に苦吟を重ね、脳味噌を搾りだすようにして木村は計算手順を修正し「桁落ち」を克服した。彼は一度だけ村尾さんを叱ったことがある。村尾さんのプログラムにバグがあったときだ。

「人間だからバグはありますよ」

そう言いかけたとき、木村は机を叩いて怒った。パビリオンには千人、二千人が来場する。人の命がかかっているんだ。バグのある人間とは仕事はできない。

「そう言われて肝《きも》に銘じたねえ。木村さんはその後の私の生き方に大きな影響を与えてくださった」

住友童話館の成功は木村にとっても意義深いものだった。後にこう綴っている。

「骨組みの力学に関して静力学的解析と動力学的解析の一般式を得、それを応用し、コンピューターの力を借りることにより『任意の複雑な構造物』の応力解析に曙光を得られたことは、私の二〇年の構造設計者としての仕事の一つのまとまりであり、今後の拠点にもなり得るように思う」（「月刊カラム」№33、八幡製鉄所株式会社内カラム刊行委員会）。高らかな勝利宣言である。

6

構造計算をやり遂げた村尾さんは、住友童話館でＮＥＣが展開する「コンピューター天眼鏡」という企画のソフト開発にあたった。研究生として京都大学工学部に赴き、坂井利之教授、長尾真《まこと》助教授の下で一年間、パターン認識の理論を学んだ。コンピューターは加減乗除など演算には強いが、色や形、画像を捉えることが苦手とされた。坂井教授はこの分野での先駆者。ＮＥＣとの共同研究も長い。

万博企画は被験者の人相からその性格を言い当てるという内容。画像認識に関する世界初の試みだった。鑑定希望者は指定された椅子に座る。その顔を特殊なカメラが撮影して横二四〇、縦三二〇の点に分解。その明るさを三二段階に分けたデジタル信号に置き換える。一つの区画とその周りの区画の明暗を比較すると濃淡が出る。このようなスクリーニングを繰り返すと濃淡は圧縮されて線になり、顔の輪郭、鼻と口の位置などが決まる。その位置や顎の尖り、頬骨の角度などから二一パターンの性格に分けて「あなたは内向的で粘り強い人です」といった音声テープが流れる。

鑑定を受けた人へのお土産は似顔絵。コンピューターは記号を重ねて印字し、濃淡を表現した。NECの社内ニュース（一九七〇年四月、万博特集）には、当時の模様が写真入りで紹介されている。モデルは村尾さん自身。コンピューターが打ち出した村尾青年の顔は口元をぎゅっと結んだ意志の強そうな印象である。イベントは大人気。半年の期間中、鑑定希望者の列が絶えることがなかった。得られたデータは坂井教授にフィードバックされ画像認識の精度向上に貢献した。

コンピューターによる画像認識技術は長足《ちょうそく》の進歩を遂げた。軍事の最先端分野から医療診断。駅やコンビニの自動販売機にも小型カメラが組み込まれ、どんな人が、何曜日に、どんな商品を購入しているのか細大漏らさず識別して、在庫管理の最適化、新商品開発の基礎データを提供する。つまり、社会を変えたのだ。

7

明けて一九七一（昭和四六）年。ウィキペディアを参照すれば、日本ではテレビのカラー放送がスタート。カップヌードルの販売開始。ベトナム戦争が激化して米軍がラオスに侵攻。アメリカのキッシンジャー国務長官が極秘裏に中国訪問、などの項目が目を引く。

村尾さんは大阪で企業の業務電算化を推進した。物流、生産管理など多様な分野にコンピューターが普及していく時代だった。一九八〇年三月までの十年間で五〇社のシステム立ち上げた。

異色だったのは北海道の苫小牧《とまこまい》東部工業団地の基本設計である。四日市ぜんそくの反省から工業化を推し進めていく上で環境への配慮が法律で定められた。そんな時代の象徴的な仕事だった。工業団地内の煙突から排出される有害物質がどのように大気中に拡散するかをシミュレーション。環境影響を予測し、煙突の高さ、集塵《しゅうじん》設備の在りようなどを検討した。

「地形、風向き。煙突も一本じゃなくてたくさんあるからねえ」

東南アジア最大の開発事業といわれたアサハンプロジェクトにも参加した。一九七五年四月、住友商事など商社七社、住友化学などアルミ精錬五社の日本企業団がインドネシア政府と基本合意して始まった。事業費は二六〇〇億円（最終的には四千億円に膨らんだ）、すべて日本の円借款である。

首都ジャカルタから約一四〇〇キロ。スマトラ島北部のトバ湖は海抜九〇五メートルに位置し、琵琶湖の二倍の面積を持つ。アサハン川はトバ湖から流れ出して一二〇キロ、マラッカの海まで一気に下る。そこにダムを作り、得られる五〇万キロワットの電力でアルミニウムを生産する。

アルミニウムは「電気の缶詰」と呼ばれる。原料のアルミナを精錬するのに莫大な電力を必要とするからだ。プロジェクトで作り出す電力の価格は日本の七分の一から八分の一。南米から輸入したアルミナを精錬して日本に輸出する。

村尾さんが現地責任者として赴任したのは一九八〇（昭和五五）年四月。プロジェクトは最盛期を迎えていた。家族を置いて遠い異郷での侘び暮らし。進んで手を挙げる者はなかった。村尾さんに白羽の矢が立ったのは、住友化学傘下の住友アルミニウム精錬（愛媛県東予市）のプログラムを手掛けた実績を買われたからである。大阪万博から十年、コンピューターは生産現場の必需品になっていた。

仕事は精錬工場のコンピューターの立ち上げ、安定稼働の見極めである。首都ジャカルタから、あるいは日本から短期に出張してくる技術者たちの受け入れも村尾さんの役回り。出張者たちをもてなすのは一苦労だった。

「たとえば、お酒。車で片道三時間かけてメダンの町まで行かんと買えないわけよ。酷いガタガタ道だったねえ。あのころ、日本から七、八〇社は来てたんじゃないかなあ」

現地に住み暮らす技術者たち。所属する企業の枠を越えて赤道直下に仲間意識を育み、独自のコミュニティを作った。余剰電力は周辺にも送られ、日が暮れると電柱の裸電球に灯が点《とも》った。

インドネシア人技術者たちは日本に渡り、住友アルミニウム精錬、東京電力で研修を受けた。村尾さんが現地を離れて一年後の一九八二年秋、アサハンプロジェクトは初出荷に漕ぎ着けた。「俺たちが帰った後は君たちがプラントを動かすんだぞ」。アルミニウムのインゴットを満載した船が日本に向けて船出する。埠頭では民族衣装をまとったバタック族の女性たちが祝いの舞を披露した。

8

業務のコンピューター化は地方にも拡大していった。電算化しなければ時代の波に取り残される。新聞の電子編集が始まったのもこのころだった。一九八二（昭和五七）年、九州ＮＥＣソフトウエア（ＱＮＥＳ）に移籍した村尾さんは約二〇〇社のシステム構築に当たった。新日鉄、ＴＯＴＯ、西鉄、岩田屋百貨店、ベスト電器、ロイヤル、戸上《とがみ》電機、肉の明治屋産業、福岡ドームホテル、ナフコ……。

ＱＮＥＳ時代の村尾さんは、野球部監督としてチームを全国優勝に導いている。

企業、団体の運動部活動として女子は九人制バレーボール、男子は軟式野球が盛んだった。一九八四年、ＱＮＥＳにも野球部が創設された。最初はＮＥＣグループ内での対抗試合。全国を五ブロックに分け、九州ブロックは毎年熊本市で大会を開いていた。

「二四対〇。こちらはソフトボールの延長みたいなチーム。相手には甲子園球児なんかもいたから仕方ないけどね」

余りの惨敗に、

「村尾君、せめて県大会で優勝するぐらいのチームに育ててくれんか」

と社長に言われたのがきっかけだった。野球の経験はなかった。数日考え、

「県大会じゃつまらない。全国制覇を目指すということならば引き受けます」

と答えた。監督に就任した村尾さんはまず、チームマネジメントの根本を定めた。

一　マネジメントの要《かなめ》は心の通い合い
二　全員の目標を同一にすること
三　軟式野球の日本一になること
四　監督が野球界の知識を探求すること
五　監督が勝利の追及者№１であること

マネジメントに基づいて野球部のルールも決まった。

仕事は一〇〇％こなす。九九％では野球をする資格なし。職場で野球の話をすることは禁止。通産省の情報処理資格試験は全員合格のこと。練習は週一回、土曜日午前八時から午後二時まで。練習はチームプレーのみ。素振りなどは各自で。ユニフォーム、グローブ、スパイクも自費。遠征費も一部を除いて自費。公用（三回）、私用（二回）の練習欠席で自動的に退部、など。専用の球場はなく公共施設や学校のグラウンドを借りるジプシー生活だった。

村尾監督は選手たちに求める以上の厳しさを自分に課した。たとえば金曜日の早朝に出発して宮崎までの日帰り出張。九州自動車道が全通していないころで帰宅は深夜になった。それでも、翌朝はグラウンドに立っていた。ゲームの流れ、雰囲気を肌で感じて采配するため試合中はベンチの左端に立

ち放し。試合に負けて選手と一緒にグラウンドを三〇周したこともある。

チームは勝ち始めた。めきめきと力を付け創部から七年目の一九九一（平成三）年秋、ついに第三五回高松宮杯全日本軟式野球大会で優勝したのだった。試合・練習四五四回。試合練習累計時間約二八〇〇時間。ノック二七万本、バッティング投球数五万球。通算成績一〇九勝六二敗六分。

村尾監督は「野球戦略システム」なるソフトを独自に開発した。自身の経験不足を補うためである。それは詳細なものだった。相手投手の一球ごとの配球データ（コース、球種）、打球の種類、方向、対戦結果、全選手の成績、練習の進捗、達成度などである。このシステムの評判はプロ球団にも届き、ブラッシュアップして福岡ダイエーホークス（当時）に納品された。

村尾さんはその後も野球部の指導を続け、監督歴は十三年間に及んだ。選手たちはなぜ素人監督について行ったのか。

情というものが通じないコンピューターを相手に仕事をすれば無機質なストレスが昂じる。人々が「体を使う」ということを軽んじ、大脳ばかりを偏重し始めた時代の反作用。ＱＮＥＳ野球部の十三年間は、仲間とともに汗と涙を流すことの喜びを再発見する旅だったのだと、私は思う。

9

今や小学生もスマホを持つ。現代人の生活はコンピューター抜きには成り立たない。だが、そのコンピューターがどうやって動いているのかを知る人はほとんどいない。それでいいのだ。今日は給料日だが給料は振り込まれたか。代金は相手に届いたか。株の売買はうまくいったか……などということを意識させるようでは、真のインフラとは言えない。動いて当たり前。それがインフラである。

卓上ＰＣやスマホならば「固まる」ということが起こる。業界用語で「だんまり」という。たいていの場合、再起動すればいい。しかし、銀行のシステムなど社会のインフラを担うコンピューターに「固まった」や「だんまり」は許されない。たとえば村尾さんが手がけた八千代銀行のシステム。全体を一〇〇とすれば積極的に機能する部分は約三割。大部分はそのプログラムが働き続けるためのサポートシステムだという。

村尾さんを通じて垣間見た電脳社会は、進化のスピードが尋常ではなかった。結果、ハードウエアは次第に無化され、ソフトウエアに社会的価値の軸足が移っていった。ＳＥとして現場に立ち続けるためには知識、経験の猛烈なアップデートが必要だ。足を停めれば、落ちこぼれていくしかない。

村尾さんのＮＥＣでの最後の仕事は八千代銀行のシステム構築であった。八千代銀行は東京と神奈川県を地盤とする第二地銀。村尾さんは現場責任者のＮＥＣ電算機事業開発本部長。当時五八歳。ソフト開発技術者として経験も知力も体力も充実していた。

みずほ銀行のようなメガバンクと比べれば八千代銀行の取引規模は小さい。しかし、取引の内容や顧客サービスなどの銀行機能は同じだ。大規模のシステムではプログラムの単位を「部品」と呼ぶ。預金の金利計算、貸し付けの金利会計処理。そのような「部品」を矛盾なく位置付けていく。統合システムは約五万点の「部品」からなっている。プロジェクトに関わったＳＥはＮＥＣ社員八七人、関連会社、協力会社を合わせると五〇二人。インド、中国、アメリカで雇用した契約ＳＥを含めれば総人員三千人の巨大プロジェクト。ＮＥＣの社運をかけた事業であった。

一九九七（平成九）年の検討開始から六年。村尾さんは仕上げの二年余りを担当した。途中二度、稼働を延期した。メガバンクの相次ぐシステム障害を受けて慎重にならざるを得なかったのだ。

この国最大の金融機関、みずほ銀行は二〇〇二（平成十四）年四月一日、営業を開始した。第一勧業銀行、富士銀行、日本興業銀行というメガバンク同士の合併。かつてない規模での金融再編によって誕生した超巨大銀行は、開業初日からシステム障害に見舞われた。それは旧富士銀行の各支店から始まった。営業開始直後から旧富士銀行発行のキャッシュカードが旧富士銀行支店でしか使えなくなった。

「そんなバカな」

舞台裏にはＳＥたちの青ざめた顔があったであろう。その後、旧富士銀行の口座保有者が旧第一勧銀、日本興銀支店のＡＴＭで現金を引き出すと、通帳には引き出した事実が記帳されるにもかかわらず現金が出てこない、などの異常事態が起こり始めた。やがてシステム障害はみずほ銀行全体に広がり、口座振替の遅れ、積み残しはこの日だけで十万五千件。二重引き落としは約三万件に上った。障害は日を追って深刻になり、四月五日の時点で口座振替の積み残しは企業同士の決済や公共料金の引き落とし、給料振り込みの遅れなど二五〇万件に膨らんだ。復旧にはほぼ一ヵ月を要した。

物事は（それがどんなに巨大で複雑であっても）想定通りに進んでいるときは難しくない。何か想定外の事態に陥ったとき、技術者の力量が問われる。そんなとき、勘が働いたと村尾さんはいう。

「通信系のミスかデータベースの不具合か、ログ（業務記録）の問題か、みたいなことが直感的に浮かんだね。長年の経験ですよ」

約五万個の「部品」を整然と配置し、適正に機能させるのは並大抵のことではない。二〇〇三（平成十五）年五月四日。すべてのテストを終えた八千代銀行統合システムが稼働の日を迎えた。午前六時。コンピューターは無事に起動した。午前八時。ＡＴＭコーナーのシャッターが上がった。午前九時。他行からの引き出し要求が入ってくる。問題ない。すべては計画通り、順調に滑り出した。

村尾さんは苦闘の日々を振り返っていた。八千代銀行本店（新宿歌舞伎町）そばのオフィスビル四棟を借りた開発現場。盆、正月、祝祭日、土日なしの不眠不休。部下たちは村尾さんを「新宿の将軍」と呼んだ。ＳＥたち一人一人の悩みを聞きながら酒を酌み交わしたことも数知れない。

午前十時。順調稼働を見極めた八千代銀行頭取、藤山智昭さんと専務、小泉次郎さん（のち会長）は、「新宿の将軍」が陣取るオフィスビルを訪れた。「将軍」は新システムの稼働状況を遠隔モニターで睨んでいた。

「やりましたね」

村尾さんを始め、居合わせたＳＥたちの目に涙が光った。統合システムが動き出した瞬間であった。

それから十九年余り。八千代銀行のシステムは一度のトラブルに見舞われることもなく二〇一八（平成三〇）年の東京都民銀行、新銀行東京との合併を経て、二〇二一年四月末まで安定稼働を続けた。

盤上の勝負師たち

1

勝者は惜しみない称賛と栄誉を受け、敗者は黙ってその場を去らねばならない。勝負の世界の定めである。両者の明暗が際立てば際立つほど、人々は名勝負に喝采を贈る。

王位戦七番勝負は中日新聞／東京新聞、北海道新聞、西日本新聞の「新聞三社連合」が主催する伝統棋戦。将棋界の七大タイトルの一つに数えられている。二〇〇三（平成十五）年、本社文化部に配属された私が最初に取材したのは同年の第四四期。谷川浩司《こうじ》王位が羽生《はぶ》善治《よしはる》名人の挑戦を退けて王位を防衛、四五期では羽生名人が谷川王位を下して王位を奪還した。

王位戦の取材は空港へのお出迎えから始まる。対局者、立会人、大盤解説者、大盤解説の聞き手、記録係、観戦記者などの一行を伴って対局場に向かう。前夜祭では両対局者が抱負を語り、花束贈呈、地元市長の歓迎挨拶かれこれが行われる。

対局は二日制。翌朝から始まり翌々日の夕方から夜に終わる。対局者と話す機会はほとんどない。棋譜を確認して局面図を作る。短い戦況を書く。手が空いた時間、私は静謐《せいひつ》な対局室に詰めて対局者の一挙手一投足を観察した。ぶつかり合う闘志、勝ち筋を求めて苦悶する姿、対局者の心理、などをコラムにして書くのである。立会人や大盤解説の棋士たちとは持て余すほどの時間を共有する。加藤一《ひ》

二三《ふみ》、米長《よねなが》邦雄、中原誠といった将棋界の至宝ともいうべき棋士たちと同じ部屋で同じ空気を吸っているというだけで私は緊張し、昂奮した。新聞三社連合はこのほか女流王位戦、囲碁では天元戦というタイトル戦を主催している。女流王位戦は清水市代《いちよ》さんの全盛期。背筋をピンと伸ばした対局姿が今も私の網膜に焼き付いている。

2

第四六期は羽生王位に佐藤康光《やすみつ》棋聖が挑戦した。佐藤棋聖は「緻密流」と言われる独自の棋風。他者が真似できない大局観。棋界の第一人者である。このときも自身が持つ棋聖のタイトルを防衛して絶好調。二人の対決は将棋界の頂上決戦と目された。

佐藤棋聖三勝、羽生王位二勝で迎えた第六局。対局場は数々の名勝負が繰り広げられた「陣屋」（神奈川県秦野市の旅館）である。「相矢倉《あいやぐら》」という戦形で駒組が進み一日目の夕方頂点に達した。将棋で戦端を開くことを「仕掛ける」という。仕掛けるか否かという局面で佐藤棋聖が長考に沈んだ。控室で大勢の棋士たちが検討していたが形勢は不明。七五分の大長考の末、佐藤棋聖が戦端を開いた。羽生王位も長考を重ねながら駒を進める。対局室には濛々たる気炎が渦巻いて空気を揺らし、二頭の猛牛が角を突き合わせているように見えた。二日目夕方まで佐藤棋聖が徐々に後退、局面が好転することなく投了した。

私は夜中に目が覚めた。寝なおそうとしたが寝付けない。部屋を出て陣屋の館内を歩いた。その夜は中秋の名月。白い光に照らし出された庭のススキが銀色に輝いていた。

「おやっ」

庭に面した長い廊下の片隅に人影が見えた。将棋盤を前にした佐藤棋聖だった。見てはいけないものを見てしまったような気がした。声を掛けるわけにはいかない。かといって黙って立ち去って良いものか。棋聖が顔を上げた。私の気配に気づいたのだ。会釈してその場を去った。駒の配置から仕掛け前後の局面を検討しているように見えた。真っ赤に充血した目と視線が合ったが、その異形はまさに「鬼」だった。

大広間での朝食。羽生王位の前の席が空いていた。王位の隣には将棋雑誌の記者が座っている。

「観戦記、仕掛けの辺りでまとめたいんです。どうだったのでしょうか」

羽生王位はしばらく間を置いて、

「代わる手がないんです」

佐藤棋聖には仕掛ける以外に道はなかったという。第七局も羽生王位が勝って王位を防衛。翌年の四七期、再び佐藤棋聖が挑戦したが羽生さんの厚い壁を崩すことはできなかった。

3

第四八期は羽生王位に深浦康市《こういち》八段が挑戦し、三勝三敗で迎えた最終局で王位をもぎ取った。深浦さんの棋風は「ネバーギブアップ」。少々形勢を損ねても必死にこらえ相手に生じた微細なスキを突いてひっくり返す。百戦錬磨の大棋士といえども人の子。「ふるえる」といって勝ちが見えた瞬間が最も危うい。下駄をはくまで勝負は分からない。深浦さんの将棋は根性が入っている。

四九期は深浦王位に羽生名人が挑戦し、これも最終第七局にもつれ込んで深浦王位が防衛に成功した。将棋界の覇者に七番勝負を二度勝って「深浦強し」を印象付けたのだった。

私が観戦した中で最も劇的だったのは第五〇期（二〇〇九年）の七番勝負。深浦王位に挑戦したのは木村一基《かずき》八段である。木村八段は「千駄ヶ谷（日本将棋連盟の本拠地）の受け師」の異名を取る。無論、受け一方の消極的な将棋ではない。攻めてきた相手の攻め駒を受け潰す。いわゆる「後《ご》の先《せん》」の達人である。気力、体力ともに充実した二人による名勝負が期待された。しかし、蓋《ふた》を開けると深浦さんはいいところなく開幕から三連敗。カド番に追い込まれてしまった。

長崎空港から対局地の佐世保市に向かう車の中でも終始無言。佐世保市は深浦さんの出身地。プロ棋士を目指して十二歳で上京したのだ。大一番を目の前で見ようという地元将棋ファンの期待を一身に集めた。対局前日、日本将棋連盟長崎県支部と西日本新聞社が子供将棋大会を企画し、優勝した少年に深浦さんから表彰状を贈呈してもらった。野球帽の少年は深浦王位と握手してにっこり笑った。

対局は相矢倉で進んだ。双方がっちりと王様を囲って容易に負けない駒組となった。控え室では立会人の米長邦雄九段、大盤解説の豊川孝弘七段を囲んで検討するが、全くの形勢不明であった。私はコラムを書くために対局室に入ったが、長く留《とど》まることが憚《はばか》られた。障子越しの柔らかい光に二人の渋い和服が映えていた。和服は勝負師の正装である。その背中が規則的に揺れている。「読み」に集中したとき人間は小刻みに揺れる。二人の背中から闘志の焔《ほのお》がゆらゆらと立ち上っていた。

深浦王位が白扇《はくせん》を使っている。普段は「臥竜鳳雛《がりょうほうすう》」と自書した扇子を使うのだが、わざわざ白扇を買い求めてきたのだ。無地の真っ白な境地になろうとする悲壮な覚悟だろうと私は推測し、そのことをコラムに書いた。

形勢は二日目の午後になってようやく深浦王位に傾いた。「ふるえる」時間帯である。少しでも緩めばたちまち逆転する。深浦王位はそこを乗り切った。終局は午後五時九分。木村挑戦者の早い投了だった。

4

朝刊のゲラ（校正）点検も終わり、ロビーでまどろんでいると声が掛かった。

「イノクチさん、付き合ってくれませんか？」

軽装に着替えた深浦さんだった。タクシーで繁華街へ。案内されたのは高級クラブ。

「ママがね。同級生なんです」

世馴れた感じのママがすっかり同級生の顔になっていた。

「康市くん、おめでとう。テレビで見たよ」

と言いながらレミーマルタンの封を切った。

「今晩は酔いたいんです。飲んでくださいよ」

「お祝い申し上げます。木村さんがおられる前では言えなかったので」

「子供将棋大会。あれが良かった。子供たちを見ていると、昔の自分を見ているようでした。将棋を指す楽しさを思いだしたのです」

「楽しさですか？」

すべてを忘れて「楽しさ」を思いだしたと深浦さんは言った。

「イノクチさんは将棋されるんですか？」

「ええ、少しですが。小学生のころ家で朝日新聞をとっていたんです。A級順位戦（名人戦予選）の棋譜を切り抜いてノートに張り、学校で次の一手を考えていました。翌日、新聞を見て答え合わせするんです」

「へー、凄いじゃないですか」

「升田《ますだ》幸三先生、塚田正夫先生、深浦さんの師匠の花村元司《もとじ》先生、二上《ふたかみ》達也先生……。怪刀・花村先生の変幻流、塚田先生の筋違い角戦法とか」

私は昭和の大棋士・升田幸三先生と一度だけ会ったことがある。学生時代の後輩の父上が昵懇《じっこん》で、たまに彼の家に遊びに来ることを聞きつけた。頼み込んでその席にお邪魔した。升田先生の著書はすべて読んでいたが、生の声を聞きたかった。

「その時、升田先生は何と？」

「イノクチ君、勝負を決めるのは勘だ。勘という字は甚だしい力と書いてあるだろう。勘を裏付けるのが読みだよと」

「うーん、わかります。対局中に気が遠くなるほど次の一手を求めていると、ふっと浮かぶことがあるんです。何の脈絡もなく。どうしてそんな手が浮かんだのか自分でもわからない。何かが降りて来たというのかなあ。それを頭で後追いして納得するのです。あっ、これ、いい手だと。それが升田先生の言われる読みなのかなあ」

「加藤一二三先生は揮毫《きごう》を頼まれると必ず『直感精読』と書かれますよね。神戸新聞の中平《なかひら》邦彦さん（谷川浩司十七世名人のことを幼いころから見てきた観戦記者）から聞いたのですが、若い頃の谷川先生は中盤の難所を考えているとき、ふっと投了図（最終局面）が浮かぶんだそうです。何十手も先。相手の王様を詰ませた局面。そこから手順を逆にたどって次の一手を指されるのだと」

「だから〝光速の寄せ〟って言うのかなぁ」

「光速の寄せという言葉は、中平さんが谷川先生の将棋を観戦していてひらめいたと聞きました」

気が付けばレミーマルタンが半分になっていた。

その後、深浦王位は三連勝した。七番勝負で三連敗からの四連勝は他の棋戦を含めても数えるほどしかない。西日本新聞社は佐世保市内に号外を配って深浦さんの王位防衛を祝福した。これも異例中の異例のことだった。木村一基八段は十年後の第六〇期王位戦で豊島将之《まさゆき》王位を破って王位を獲得した。長い道のりだった。

5

囲碁界の重鎮、大竹英雄名誉碁聖は二〇二一（令和三）年十二月に引退した。引退会見を見ていてはっとした。私は大竹先生の言葉の深意を理解できていなかった――。そんな気持ちに襲われた。

二〇一二（平成二四）年夏、私は大竹名誉碁聖へのロングインタビューを連載、加筆修正して『石心《せきしん》囲碁棋士・大竹英雄小伝』（石風社、二〇一三年）を上梓した。読み返してみるとやはり足りない。自分の人間理解の浅さを知った。

大竹名誉碁聖は一九四二（昭和十七）年、北九州市の生まれ。木谷實《みのる》九段に見いだされ九歳で親元を離れて木谷家（神奈川県平塚市）に弟子入りしている。師匠の家に住み込んで技を磨く内弟子は、芸能の世界を中心に広く行われてきた。しかし、いまはすっかり廃《すた》れ、内弟子を経験する人はまずいない。

木谷實九段は呉清源《ごせいげん》九段とともに新布石を打ち、日本の囲碁を革新した大棋士である。戦後は全国各地を回り、才能ある子供たちを発掘して育てた。木谷道場には大竹名誉碁聖に続いて石田芳夫、加藤正夫（故人）、韓国からは趙治勲《ちょうちくん》、小林光一《こういち》、武宮正樹、小林覚《さとる》ら錚々《そうそう》たるメンバーが集った。そんな彼らが口を揃えたのが、「大竹さんが碁盤に向かっている姿を見たことがない」、「大竹さんはどこで勉強していたのだろう」ということだった。

大竹先生の答えはこうだった。

「雲の形を見ても、流れる水や波の形を見ても、いい音楽を聴いていても、それが囲碁の勉強になるのです」

青空は碁盤、雲は碁石。実際の碁盤が無くても勉強はできる――。私はそのように受け止めたが、大竹名誉碁聖の深意を汲み取ったとは言えない。詰碁や棋譜並べのような勝つための技、あるいは手段ならば盤上の勉強で足りる。しかし、人生修業の場として囲碁の奥義を知ろうとすれば、入り口でしかない。内弟子という環境に置かれた大竹名誉碁聖にとって、囲碁によって自分の存在を示すということは、勝ち負けを超えた人生のすべてだった。大自然を呼吸し、大自然から学ぶことが、自分を知ることになる。自分を知らずして碁は打てない――。十四歳でプロ入りを果たした早熟な才能は、そのことを皮膚感覚で知っていたのだ。

記者会見ではこんな質問も出た。

「長い囲碁人生の中でこれまでに最高の一手は何ですか」（私も同じことを尋ねた）

○○戦の第○局。相手は誰で、あの一手で勝利を決めた――。記者としてはそんな答えを期待する。しかし、大竹名誉碁聖からはそのような答えは返ってこない。

「ごくごく平凡な一手ですよ」

大竹名誉碁聖の脳裏にどんな局面が浮かんでいるのかは分からない。囲碁の初心者。アマチュアでも打てる基本的な手だったのだろう。しかし、タイトル戦の天下分け目の局面で平静な心を保って普通の手が打てたとすれば、それが大竹名誉碁聖の「人生の一手」だったということになったのではないだろうか。

6

「アルファ碁」が韓国の囲碁棋士イ・セドルに勝ったのは二〇一六（平成二八）年三月。翌年五月には中国の柯潔《かけつ》にも勝利した。二人とも世界最強といわれた棋士。人工知能（ＡＩ）の驚異的な進化を世界に印象付けた。「アルファ碁」以来、今はさまざまなＡＩが開発されて誰でも入手できる。プロ、アマを問わず多くの人々がＡＩを座右に置いて研究する。

ＡＩの仕組みを私は知らない。アルファ碁は内部で対局を繰り返して機械学習する。対局数は三千万局といわれる。人間はどんなに頑張っても（一生かかって）数万局である。ある局面でＡＩは、次にこの手を打てば勝率は何％と計算し、最も勝率の高い手を選ぶ。この繰り返しだ。人間には思いつかない手を打ち、囲碁、将棋の常識、戦術をガラッと変えた。

「白五八・四％、黒四一・六％。〇・二目差」

対局中継では右のような数値が表示される。ＡＩによる勝率評価だ。

将棋の升田幸三九段は「新手一生」と揮毫し、新手の研究、発見に一生を捧げた。〝升田定跡〟をいくつも編み出し、現代将棋の基礎を作った。ＡＩは新手をたちまち自家薬籠《じかやくろう》中のものとする。要する時間はせいぜい数分である。

「そういう手があるのか」

囲碁も同様で、対局を見ている世界中の棋士たちが真似するから、いきおい新手の寿命は短くなった。よそ見せず、回り道せず、ＡＩ先生と二人三脚。ひたすら勝率アップを目指す。そのような人が過半だろう。

　ある棋士が新手を指したとき、彼はその何倍もの別の手を考える。進むべきか、引くべきか、呻吟している。指した手は一手だが、指されなかった手は何通りもある。それは彼の頭に蓄積されていく。指されなかった手こそが彼を鍛え、彼を強くしているのである。他人やＡＩの真似だけではトップには立てない。

　トップ棋士たちもＡＩは使う。しかし、あくまでも補助的なもの。道具である。ＡＩに支配されてはいない。強くなりたいという純粋な気持ちを忘れず、常に自分の手を希求している。「圧倒的に強いＡＩ先生。あなたのご意見は拝聴しますが、私は自分の碁（将棋）は曲げません」。強い精神力がなければそうはいかない。

　最近のＡＩについてどう考えるか。引退会見での質問に、大竹名誉碁聖は、

「ＡＩは筋のいい手を打っている。人間がそれを理解できていないだけではないでしょうか」

と答えた。大竹名誉碁聖は広く囲碁を捉えている。ＡＩが人間を超えたといっても、それは戦術だけのことである。大竹名誉碁聖はこうも語った。

「囲碁は勝負ではあるが、人の道を訪ねていくものですから」

　ＡＩと人間の関係は、人間が囲碁をどう捉えるかによって大きく変わる。それは社会一般にも当てはまるものだろう。人間が自らの人生をどう考えるかによってＡＩの役割、人間とＡＩの関係も変わる。負の側面もあれば輝かしい未来もある。それはあなた次第だ。大竹名誉碁聖はそのようにＡＩを受け止めているのだ。

囲碁、将棋のＡＩに思想はない。ＡＩ自身は自らが示した手の意味すら知らない。一つ一つの局面を静止画像として捉え、最も勝率の高い次の一手選び、これを繰り返す。勝ったという感動も、負けた悔しさもない。

先に紹介した将棋の第四六期王位戦。羽生善治王位と佐藤康光棋聖の一戦である。ここで仕掛けて勝てるだろうか。微細ながら形勢を損ねるかもしれない。確たるものはない。頼れるものは自らのヨミだけ。それでも前に進まねばならない。大局観、人生観。プライド。大げさに言えば、佐藤棋聖は棋士人生をかけて仕掛けた。ＡＩならばためらいなく「手待ち」したかも知れない。すなわち、右に進めた王様を左に戻すような手。最も勝率の高い手を選ぶ。それだけだ。

囲碁、将棋が魅力を失わないのは、ＡＩに支配されない棋士たちが血のにじむような研鑽を重ねているからだ。そこにドラマが生まれる。人間同士の熱い戦いであればこそ見ているものを感動させ、勇気を与えるのだ。

ブリコラージュ。「繕《つくろ》う」という意味のフランス語からの造語で「寄せ集めて作る」という意味である。そう言われてもよくわからない。逆の概念と対比すれば視界が開ける。最初に目的があり、それに適《かな》う理論、手順を立て、データや証拠、材料を蒐集《しゅうしゅう》して何かを作る。このような仕方をデザインとかエンジニアリングとか呼ぶ。たいていの学術論文はこれにあたる。

　第二の定年を迎えてから私は庭の草むしりと家事手伝いの日々。福岡市の都心にあった居場所（机と椅子）がなくなったことの喪失感は想像以上に大きかった。パンデミック、ウクライナでの戦争。世の中、視界不良で先が見えない。わが身の「これまで」を振り返れば「これから」が見渡せるかもしれない。そんな気分でこの原稿を綴り始めた。自分探しは若い人の特権だが、人生の第三コーナーを回ってからこれをやろうというのだから間が抜けている。

　正式な名前を知らないが、船乗りたちが「バイ ザ ウインド セイラー」と呼ぶクラゲがいる。手の平ぐらいの体に半円形の帆を水面に立てたような姿。何万という群れが風のままに太平洋に漂っている。君たちはどこから来たのか、君たちは何者か、君たちはどこへ行くのか。ゴーギャンのような気分で眺めていた。

　何か高邁《こうまい》な思想があって記者になったのではない。拝金主義がこの世を覆い、やがて世界を破局に陥れるのではないか――。漠とした怖れを感じていたが、金融機関を会社訪問しているのだから怪しいものだ。

新聞記者の宝物は人との出会いしかない。これを年代順に綴ったのが本書である。

*

二〇一九年夏、木原圭介君と久しぶりに会った。タクシー会社の民事再生手続きを終えて、何かが抜けたような雰囲気だった。債権者集会、裁判所での審理。人生の万端をかけたタクシー改革とその終焉。最悪の精神状態を耐えられたのは七山《ななやま》（佐賀県唐津市）に通っていたからだという。JR筑肥線で唐津へ。バスで七山に。道の駅でお握りを買い、渓流に沿って山道を登る。二時間ほどで観音滝に至る。往復三時間余り。私も登ってみた。水の音、蟬の声。水面を渡る風。清涼な空気が細胞に染みわたり生き返ったような気がした。

「この気持ちをスマホのアプリで再現できないだろうか。多くの人にこの感動を味わってもらえないだろうか」

あるとき、木原君が呟いた。

人間は五感で外の世界と繋がっている。暑い、寒い。嬉しい。悲しい。五感は脳の扁桃体という所に集約され大脳に送られる。大脳は意識、すなわち論理である。「暑い」と体が感じ、大脳は「アイスクリームを食べよう」「この程度なら我慢しよう」と判断して行動する。

「私は正しい」、「あれをするな」、「これは禁止」。五感を封じて大脳ばかりを肥大化させると「論理の檻」に閉じ込められる。その最たるものの一つが校則だろう。校則は微に入《い》り細を穿《うが》って肥大化する。規制されるのは生徒だけではない。学校側も身動きが取れなくなり、おかしな具合になっていく。

「アプリで再現できないか」という提案を反芻《はんすう》するうちハッとした。私の小さな記者体験は、制度やイデオロギーでは掬《すく》い取れないものに向かっていたという一点で繋がっていたのではないか。

アプリでは、何時《いつ》、何処で、何を感じたか。その画像と短い言葉。五感を選び（視覚、聴覚、嗅覚、触覚、味覚から一つ）、感情を選ぶ（嬉しい、楽しい、愛しい、爽快、驚き、悲しい、怒り、嫌い、憎しみ、恐れから一つ）。このように情動を単純化してスマホで入力、送信する。データは台湾に送られ（アプリは台湾のＩＴ企業で作った）サーバーに記録される。棒グラフ、折れ線グラフなどによって一人ひとりの五感のありようを表示する。完成したアプリは「情緒秘書」（情緒を補佐するもの）と命名された。

生じてはたちまち消えるうたかた（五感）を記録するアプリ。視覚情報はすぐに集まる。聴覚も集めやすい。しかし、嗅覚は難儀だ。よほど注意深く、かつ根気強くなければ集まらない。都会人の生活から「臭い」が無くなりつつあるからだ。アップストア、グーグルプレイに登録したのは二〇二一（令和三）年春だった。

私は「ＡＩ時代の俳句」だと感じた。大竹名誉碁聖の言葉に深く共感できたのは、「情緒秘書」によって私という鏡の曇りが（ほんの少しだが）消えたからだろう。慎重な人、粗忽《そこつ》者。明るい人、暗い人。外向的、内向的。様々な情動の持ち主が社会を作っている。多様な情動が絡み合って社会は調和を保っている。「多様性が必要だ」とする画一的な論理だけでは社会の自由度を奪い、人々を分断する。

私は相変わらず庭の草むしりの日々であるが、モノへの執着がいくらか減ったのかもしれない。土と対話するようになった。空の雲とも、渓《たに》を流れる水の音とも対話する。あらゆる自然への畏怖と尊敬。檻に閉じ込められたわが身が解放され始めたのだろう。悪くない日々である。

二〇二三年四月　　著　者

［著者］

井口幸久（いのくち・ゆきひさ）

1956年、福岡市生まれ。1980年東京商船大学（現・東京海洋大学）卒。同年、西日本新聞社入社。鹿児島総局、北九州支社、社会部、宮崎総局、文化部長、佐賀総局長等を歴任。2016年、退職の後は九州文化協会、福岡文化連盟事務局長を務めた。著書に『介護タクシーを知っていますか』（角川書店）『小伝・弥勒先生』（西日本新聞社）『石心　囲碁棋士・大竹英雄小伝』（石風社）『絵描きと画材屋　洋画家・野見山暁治と山本文房堂・的野恭一の五十年』（忘羊社）がある。

陸《オカ》に上って記者になる　私の地方紙奮戦記

2023年6月15日　初版第1刷発行

著　者　井　口　幸　久
発行者　藤　村　興　晴
発行所　忘《ぼう》　羊《よう》　社《しゃ》

〒810-0022　福岡市中央区薬院4-8-28-205
電　話 092-406-2036　FAX 092-406-2093
印刷・製本　シナノ・パブリッシングプレス

落丁本・乱丁本はお取替えいたします。定価はカバーに表示しています
ⓒInokuchi Yukihisa Printed in Japan 2023